新时期高校思想政治教育工作创新与发展研究

郭晗 著

北京工业大学出版社

图书在版编目（CIP）数据

新时期高校思想政治教育工作创新与发展研究 / 郭晗著. — 北京 ：北京工业大学出版社，2021.5

ISBN 978-7-5639-7990-5

Ⅰ. ①新… Ⅱ. ①郭… Ⅲ. ①高等学校－思想政治教育－研究－中国 Ⅳ. ① G641

中国版本图书馆 CIP 数据核字（2021）第 111494 号

新时期高校思想政治教育工作创新与发展研究

XINSHIQI GAOXIAO SIXIANG ZHENGZHI JIAOYU GONGZUO CHUANGXIN YU FAZHAN YANJIU

著　　者：郭　晗
责任编辑：刘　瑶
封面设计：知更壹点
出版发行：北京工业大学出版社
（北京市朝阳区平乐园 100 号　邮编：100124）
010-67391722（传真）　bgdcbs@sina.com
经销单位：全国各地新华书店
承印单位：唐山市铭诚印刷有限公司
开　　本：710 毫米 ×1000 毫米　1/16
印　　张：8.25
字　　数：165 千字
版　　次：2023 年 4 月第 1 版
印　　次：2023 年 4 月第 1 次印刷
标准书号：ISBN 978-7-5639-7990-5
定　　价：78.00 元

前　言

高校思想政治教育具有两方面的重要性质：一是对大学生进行思想政治知识灌输，培养大学生运用理论知识解决现实问题的能力；二是在思想上团结大学生紧密围绕在党的周围，确保大学生能够在毕业以后坚定地沿着党的路线走。因此高校思想政治教育工作是高校一切工作的核心。高度重视、不断加强和改进思想政治教育工作是做好高校思想政治教育的有力保证，也是统一大学生思想、凝聚大学生力量并使之投入祖国建设中的必由之路。无论是从教育学理论出发，还是从大学生思想需要出发，高校思想政治教育工作在我国高校工作中的地位，在过去、现在和将来都不能改变。在全面建成小康社会的新历史时期，高校思想政治教育工作要不断改进，以适应我国思想政治工作、教育工作面临的新问题和大学生思想发展的基本需要。

当前，高校的发展处于一个从量的扩张转向质的提高的关键时期。如何提高质量，提升内涵？加强大学生的思想政治教育无疑是题中应有之义，思想政治教育工作显然是质量之“魂”、学生成才之“根”。而唯有创新，才能增强教育的活力；唯有创新，才能推进教育水平的提高。思想政治教育工作的主体是人，客体也是人，而这种主客体是互相变化、互相促进的。思想政治教育工作又是一种需要不断创新的实践活动，创新是思想政治教育工作的活力之基、效率之源。

本书主要阐述了思想政治教育的概念与特征、思想政治教育的历史演进、思想政治教育的战略地位与功能、高校思想政治教育工作概状、高校思想政治教育工作机制创新、新时期高校学生管理工作的创新、新时期高校学生党建工作的创新、国外高校思想政治教育工作的特色与启示、新媒体时代高校思想政治教育工作的发展等内容。在撰写本书的过程中，我们借鉴了国内外很多有关的研究成果以及著作、期刊、论文等，在此对相关学者、作家表示诚挚的感谢。

由于作者水平有限，加之时间长促，书中难免有疏漏和不足之处，还望广大读者批评指正。

基金项目：

1.2020 年度广西高校中青年教师科研基础能力提升项目《“讲好中国故事”的马克思主义大众化研究”》（项目编号：2020KY11001）

2.2021 年度广西高校中青年教师科研基础能力提升项目《讲好中国故事视角下的艺术生文化认同策略研究》（项目编号：2021KY0462）

3.2021 年度广西高等教育本科教学改革工程一般 A 类项目《“习进平新时代中国特色社会主义思想概论”一流本科课程教学提升研究》（项目编号：2021JGA262）

4.2021 年度广西高校大学生思想政治教育理论与实践研究课题《“四史”教育背景下的艺术高校思政课混合式教学模式研究》（项目编号：2021SZ086）

5.2021 年度广西艺术学院校级课程思政和思政课程专项教研项目《“金课”视角下艺术高校思政课混合式教学研究》（项目编号：2021KCSZY17）

6.2021 年度广西艺术学院“三全育人”综合改革专项研究课题《“问题导向＋艺术资源＋思政实践”三位一体的研究性学习模式研究》（项目编号：SQYR202119）

目 录

第一章　高校思想政治教育概述

思想政治教育是社会主义精神文明建设的首要内容，通过发挥思想的引领作用凝聚社会共识，并且内化于心、外化于行，是解决各种社会矛盾和问题的主要途径之一。加强高校思想政治教育工作，要在科学、准确地分析和理解高校思想政治教育内涵的基础上，发挥主渠道和主阵地的作用，提高实效性，使思想政治教育入脑、入心，使大学生愿意接受并融入个体的思想与言行中，在社会实践中发挥积极作用。

第一节　高校思想政治教育的概念

一、思想政治教育的概念

1. 学界相关概念的表述

关于思想政治教育的概念，学者们有以下不同的表述：

① 1999 年教育部社会科学研究与思想政治工作司主编《思想政治教育学原理》（高等教育出版社出版）："思想政治教育是指社会或社会群体用一定的思想观念、政治观点、道德规范，对其成员施加有目的、有计划、有组织的影响，使他们形成符合一定社会所要求的思想品德的社会实践活动。"

② 2004 年王勤著《思想政治教育学新论》（浙江大学出版社出版）："所谓思想政治教育，就是一定的阶级或政治集团，为实现一定的政治目的，有目的地对人们施加意识形态的影响，以期转变人们的思想，塑造人们的品德，进而指导人们行为的社会实践活动。"

③ 2004 年仓道来主编《思想政治教育学》（北京大学出版社出版）："思想政治教育是指一定的阶级、政治集团为实现其根本政治目的和经济利益，而对人们进行有意识、有目的、有计划地施加本阶级、本集团思想政治等意识形态方面影响的社会活动。"

④ 2006 年张耀灿、郑永廷、吴潜涛、骆郁廷等著《现代思想政治教育学》（人民出版社出版）：“思想政治教育是指一定的阶级、政党、社会群体遵循人们思想品德形成发展规律，用一定的思想观念、政治观点、道德规范，对其成员施加有目的、有计划、有组织的影响，使他们形成符合一定社会、一定阶级所需要的思想品德的社会实践活动。”

⑤ 2006 年苏振芳主编《思想政治教育学》（社会科学文献出版社出版）：“思想政治教育可定义为：一定的阶级或政治集团，为实现一定的政治目标，有目的地对人们施加意识形态的影响，以期达到转变人们的思想，指导人们行动的社会行为。”

⑥ 2007 年陈万柏、张耀灿主编《思想政治教育学原理》（高等教育出版社出版）：“思想政治教育是指社会或社会群体用一定的思想观念、政治观点、道德规范对其成员施加有目的、有计划、有组织的影响，使他们形成符合一定社会、一定阶级所需要的思想品德的社会实践活动。”

⑦ 2007 年成媛主编《思想政治教育学原理》（上海中医药大学出版社出版）：“思想政治教育是指教育者按照社会发展的要求，在社会主义核心价值体系指导下，通过一定的内容、方法、手段对受教育者有目的地施加影响，促使其思想政治品德形成、发展的教育实践活动。”

思想政治教育概念的内涵就是揭示思想政治教育的科学内涵和精神实质。古今中外一切思想政治教育的经验与做法中最具概括力的最本质的规律性的东西，体现的是思想政治教育的普遍性。目前学术界关于思想政治教育内涵的研究，主要有两个维度，即作为社会实践活动的思想政治教育（如大学生思想政治教育）和作为学科存在的思想政治教育（如马克思主义理论与思想政治教育）。前者主要帮助人们解决“做什么”“怎样做”的问题，后者主要解决思想政治教育“是什么”“为什么”的问题。

2. 高校思想政治教育

思想政治教育是一种教育实践活动。教育是社会按照一定的需要培养合格的社会成员的实践活动。思想政治教育有广义和狭义之分，狭义的思想政治教育专指学校教育。大学生思想政治教育是指高等院校按一定的社会要求，有目的、有计划、有组织地培养学生的思想品德、政治素养和心理素质，使他们形成符合一定社会所要求的社会实践活动。

高等学校的根本任务是培养德智体等全面发展的社会主义事业的建设者和接班人。大学生的思想道德素质、科学文化素质和健康素质直接关系到党和国家的前途命运，关系到中国特色社会主义事业的兴衰成败，关系到全面建设小康社会和中华民族伟大复兴目标的实现。为此，必须重视大学生思想政治教育，把坚持坚定正确的政治方向放在教学工作首位。

高校对学生的思想政治教育，通常与“德育”有很大的一致性。我国《中国普通高等学校德育大纲》中写道：“德育即思想、政治和品德教育，它体现教育的社会性与阶段性，是学校教育的重要组成部分。它与智育、体育等相互联系，彼此渗透，密切协调，共同育人。高等学校德育对学生健康成长和学校工作具有导向、动力、保证作用，对建设社会主义物质文明和精神文明，促进社会全面进步具有重要意义。高等学校德育的任务，是用马克思列宁主义、毛泽东思想和邓小平建设有中国特色社会主义理论教育学生坚持社会主义方向，树立科学的世界观和正确的人生观，形成良好的道德品质，把学生培养成为有理想、有道德、有文化、有纪律的一代新人。”

高等学校对大学生进行思想政治教育，使大学生热爱社会主义祖国，拥护党的领导和党的方针政策，确立中国特色社会主义事业的正确政治方向；通过学习马克思列宁主义，毛泽东思想和邓小平理论，逐步树立科学世界观、人生观和价值观；弘扬社会主义道德，学习为人民服务精神，具有艰苦奋斗的精神和强烈的使命感、责任感；自觉地遵纪守法，具有良好的道德品质和健康的心理素质。高等学校要把人才培养作为根本任务，要把思想政治教育摆在首要位置，贯穿于教育教学的全过程。教育的根本任务是育人，教育要坚持以学生为本，强调学生在教育当中的主体地位，使思想政治教育成为大学生内在的强烈的需求。这就要把思想政治教育做到大学生的心里去，要贴近实际、贴近学生，努力提高思想政治教育的针对性和实效性。

3. 思想政治教育概念与内涵的解读

①加强了思想政治教育主体和客体的联系，使思想政治教育的目的性呈现多样化的倾向。随着社会的发展，尤其是政治文明的发展和进步，思想政治教育主体和客体的联系性越来越强，而且在特定情况下会发生转化。思想政治教育主客体关系的转化，是符合社会发展趋势的，也是思想政治教育概念的完善过程中必须要纳入的内涵。随着主客体关系的加强，思想政治教育的目的也更趋多样化，关注到主体和客体自身的集团利益、政治倾向政治和经济权利、人的心理和健康的需要，对于社会实践活动导向的作用更加明显，也越来越得到社会各层面的支持与响应。

②强调的着眼点多元化，思想政治教育不再局限于思想品德，而是拓展到

主体和客体的思想、行为和心理健康等范围。个体的行为往往是在心理机制的作用下产生的，思想品德的作用只是影响因素之一，而且行为的差异性受到动作与技能的影响。也就是说，优秀的思想品德不能保证个体的行为趋同，也不能保证个体在任何时候都做出符合社会契约和认同的行为。随着思想政治教育概念与内涵的发展，思想政治教育工作将更加丰富多彩，同时也深感任重道远。

③思想政治教育的方法、途径、手段和内容呈现与时俱进的时代特色。随着科学技术的发展，尤其是多媒体技术的发展和网络的普及，思想政治教育的方法、途径、手段和内容也与时俱进。在继承传统意义上的思想政治理论课的影响、良好的思想品德习惯的养成、有意识有目的有组织的说服教育、组织开展各类社会活动的基础上，思想政治教育工作者需要更新理念、改进方法，积极尝试运用新技术、新手段拓宽思想政治教育的途径与形式，并且综合利用各种场合和机会，进行思想政治教育工作。

④思想政治教育做到两个结合，即自上而下与自下而上相结合、由外而内与由内而外结合。传统意义上的思想政治教育把统治阶级和集团定位为主称为内部，而把被统治阶级及其个体定位为客体，称为外部，所以思想政治教育被理解为思想政治教育主体针对客体、内部针对外部对象进行的。在政治文明发展的今天，思想政治教育的主体和客体所指是广泛的，且有层次性，在特定情况下会相互转化，主体和客体的利益逐渐趋于一致，思想政治教育发展为自上而下与自下而上相结合、由外而内与由内而外相结合，而且还包括了针对思想政治教育主体自身的自我思想政治教育。

二、高校思想政治教育的基本特征

高校思想政治教育的目的就是要使大学生树立正确的世界观、人生观和价值观，成为有理想、有道德、有文化、有纪律的一代新人。高校思想政治教育具有时代性、民族性和综合性的特征。

1. 时代性

高校思想政治教育要紧跟社会发展要求，有鲜明的时代性特点。这一特点主要体现在大学生思想政治教育的内容上。教育内容中包括当前党的路线、方针、政策等这些现实的教育内容，以及这些内容的理论来源和现实依据，这些构成部分具有内在联系。因此，我国的思想政治理论教育包括学习马克思列宁主义、毛泽东思想、邓小平理论和“三个代表”重要思想，科学发展观，社会主义荣辱观等内容。这些内容的学习紧密联系当今理论发展，对大学生理解理想信念教育、爱国主义教育、人生观教育、道德理论教育等具有现实意义。思想政治教育也只有融入现代的理论内容，理论教育才具有的生命力，才更容易被大学生掌握。

2. 民族性

民族是一种自然的历史存在，是人类社会性存在的一种形式。中华民族在几千年的历史发展中形成了稳定的民族情感和丰富的民族文化，进而成为思想政治教育的重要内容。胡锦涛同志指出："要以爱国主义教育为重点，深入进行民族精神教育，引导大学生增强民族自尊心、自信心、自豪感，做到以热爱祖国、贡献全部力量建设社会主义祖国为最大光荣，以损害社会主义祖国利益、尊严和荣誉为最大耻辱。"中华民族精神博大精深、源远流长，是中华民族生命力、凝聚力、创造力的不竭源泉，是大学生思想政治教育的重要组成部分。

3. 综合性

高校思想政治教育内容是一个综合性的教育内容。综合运用马克思主义理论，对大学生进行理论教育。马克思主义是对社会发展和人的发展进行综合性研究的理论成果，其研究领域覆盖政治、经济、文化、社会和人的思维等多个层面。思想政治教育是做人的工作，要运用包括哲学、政治学、教育学、社会学、历史学和伦理学等多学科的教育内容。同时，还要综合协调各方面的力量和综合利用各种教育途径和方法，实施思想政治教育。以上都体现出了思想政治教育的综合性。

三、高校思想政治教育的作用

高校思想政治教育的作用表现在引导作用、激励作用和调节作用三个方面。

1. 引导作用

思想政治教育明确体现出社会发展和人的发展的价值导向性。高校思想政治教育的内容，启迪大学生的思想觉悟，提高他们的认识能力，引导他们认清社会发展的方向，确立行为选择的正确方针和目标。使大学生确立正确的政治方向，树立正确的世界观、人生观和价值观，按照历史发展的必然要求和时代的需要改造和发展自身。

2. 激励作用

思想政治教育就是要激励广大学生朝着正确的政治方向不断进取。通过系统完善的教育内容和灵活多样的教育方式，激发广大学生饱满的政治热情、坚强的学习意志，提高自己，完善自己。

3. 调节作用

思想政治教育通过多种教育方式，告诉大学生什么是正确的、合法的、应该倡导的，什么是错误的、不合法的、应抵制的，提高大家识别真假、曲直、是非的能力，抵制腐朽思想的侵蚀，防止不正当行为的发生。通过表彰先进人物、树立榜样人物来调节大学生的思想与行为。

第二节　高校思想政治教育的历史与现状

高校思想政治教育有着悠久的历史，在各个历史时期创造和积累了许多宝贵的经验与优良的传统，科学地考察和总结高校思想政治教育的历史经验，加深对于高校思想政治教育客观规律的认识，强化党对高校思想政治教育的领导，改进新时期高校思想政治教育，都具有重要的借鉴和指导意义。

一、新民主主义革命时期的高校思想政治教育

从建党到成立中华人民共和国，将近三十年的时间里，中国处于革命和战争年代，中国共产党还没有取得全国政权，中心任务是新民主主义革命。但是，中国共产党高瞻远瞩，从建党之初就把教育青年摆在一个非常重要的位置，对青年学生的高校思想政治教育在两条战线和两个战场上进行，即在根据地创办的新型大学共和国统区的大学中对青年学生进行卓有成效的高校思想政治教育，为党的事业培养和锻炼了大批党政军干部，为新中国的建立做出了重要贡献。

（一）第一次国内革命战争时期的高校思想政治教育

建党伊始，党对高校学生的高校思想政治教育经历了从无到有的过程。第一次国内革命战争时期，党在高校的思想政治教育，主要是在高校师生中宣传马克思主义和党的革命主张。党借助第一次国共合作的有利时机，在上海大学和黄埔军校等学校开展高校思想政治教育，培养了一批革命先驱者。

以马克思主义为指导的高校思想政治教育，萌芽于五四运动前后，与马克思主义在中国的传播几乎是同步的。20 世纪 20 年代，以李大钊为代表的革命先驱者意识到要向青年学生宣传先进的马克思主义，推动反帝、反封建、反军阀的斗争，并在北京大学组织了“马克思学说研究会”。之后，各地的许多高校纷纷出版了介绍马克思主义的期刊。一时间，大批进步学生积极开展了宣传和研究马克思主义的活动。经过五四爱国运动的洗礼，中国共产党、中国共产

主义青年团、全国学联相继建立，一股自觉地接受马克思主义教育的热潮形成了，许多学生先后在思想上迅速完成了向马克思主义的转变，成为中国早期的马克思主义者。

在传播马克思主义的过程中，青年学生经历了同胡适的论战、关于社会主义的论战、同无政府主义的论战等三次大论战。在接受马克思主义理论的过程中，党组织学生到工农中去进行调查研究和宣传教育，收到了良好的效果。北京大学以及天津、上海、武汉、长沙、济南等地进步学生纷纷成立平民教育团体，深入工厂、农村开展宣传活动。北京、上海、南京等地先后创办了各种工人夜校、工人补习学校等，宣传马克思主义，实行同工农相结合，推动了工农运动的发展。

这一时期，党为了培养革命干部，采取多种形式创办了各种高校，并在这些学校中开展高校思想政治教育。如毛泽东在长沙创办了湖南自修大学，组织学生学习马克思主义，并运用马克思主义研究中国革命的实际问题，同时从事工农革命运动；党在上海创办了上海大学，学生在校内与国民党右派作斗争，在校外与上海交通大学、复旦大学、同济大学等13所高校学生一起参加了五卅运动，经历了“三・一八”惨案、孙中山逝世、上海工人三次武装起义等，在反帝爱国运动中受到了实际的教育；党在国共合作期间在广东创办的黄埔军校中建立了政治部，中共广东区委在校内建立起秘密的党的特别支部，周恩来、恽代英等二十多位著名的共产党人担任过政治部、党的秘密支部的负责人和政治教官，通过以共产党员为核心建立学生组织，开展日常性政治训练等工作制度，党加强了对政治工作的领导，为北伐战争培养出大批的优秀军事政治骨干人才。

（二）土地革命战争时期的高校思想政治教育

党在建立革命根据地后，独立创办了新型高校，大力举办各种党、政、军短期培训班性质的大学。如创办了江西苏维埃大学，培养政治、经济、文教干部；创办了中国工农红军大学，培养营、团级以上的军事和政治干部；创办了马克思共产主义学校，主要学习马克思主义原理、党的建设、苏维埃建设、工人运动等。学校不仅有批评与自我批评制度、每周小组会、每周支部会等日常的实际的高校思想政治教育，还坚持理论联系实际的原则，组织到前线、到地方去锻炼，成为培养政治干部的高级学校。

在国民党统治区，党组织和领导青年学生投入一系列政治运动。“九・一八”事变后，党紧紧抓住青年学生抗日情绪高涨的有利时机，及时进行抗日救亡宣传教育。1935年8月，党中央发表《为抗日救国告全体同胞书》，青年团中央发表了《为抗日救国告全国各校学生和各界青年同胞宣言》，对学生起了极大的鼓舞作用。燕京大学等六所高校学生联合发表宣言，控诉国民党的法西斯统治，表达强烈的抗日愿望。为使青年学生的抗日救国热情持续高涨，党组织从两个方面深入开展高校思想政治教育。一是在思想战线上大力宣传《八一宣言》，写文章与胡适宣扬的“读书救国”论调进行针锋相对的斗争，通过各种进步组织与团体，通过进步教授和党员教授，以学校讲坛、新文化研究会、读书会、时事座谈会等为平台，采取秘密集会、编辑壁报、传阅进步书刊等途径，向学生宣传抗日救国道理，指出救亡图存的道路。二是引导学生投身于抗日救国的社会实践中去，组织学生举行示威游行，经受了“一二·九”运动的洗礼，成立了平津学联，组织南下扩大宣传团结抗日，并返回北平建成了具有广泛群众性的青年组织——中华民族解放先锋队。上海、武汉、南京等地纷纷仿效，成立了许多青年学生救亡团体，领导青年学生开展抗日救亡工作。

（三）抗日战争时期的高校思想政治教育

抗日战争时期，党在陕甘宁边区创办了十多所高校，最著名的是抗日军政大学，从创立之初就建立了政治工作制度。通过开展高校思想政治教育，教育学员掌握马克思主义，克服资产阶级及小资产阶级的思想意识；教育学员培养纪律性、组织性，摒弃组织上的无政府主义与自由主义；教育学员深入基层实际工作，远离轻视实际的经验倾向；教育学员接近工农，不要有看不起工农的意识。在十四年抗战中，党培养了二十余万革命干部，为我党我军的建设和中华民族解放事业做出了巨大贡献。

延安根据地的高校都十分注重理论的学习。如培训抗日救国政治工作干部的陕北公学、培养革命艺术干部的鲁迅艺术文学院（简称“鲁艺”）等高校，都结合各校的实际情况，除了与各校的专业课相联系开展高校思想政治教育外，还专门开设了各种理论课，以马克思列宁主义的基本原理为基础教育内容，努力与抗战的实践相结合，培养学生以马列主义思想分析实践的能力。这些学校还十分注重让学员深入社会实际接受锻炼。如鲁迅艺术文学院经常深入部队、农村进行文艺宣传活动，其中《白毛女》《兄妹开荒》《黄河大合唱》等优秀文艺作品流传至今。

这一时期，高校思想政治教育留下了理论联系实际等优良传统。特别是经过整风运动，各高校的思想政治教育都出现了新局面，创造了许多成功的经验。如在教育内容上注重经常进行形势与任务的教育，强调革命纪律和艰苦奋斗的教育，培养“团结、紧张、严肃、活泼”的校风；在教育方法上，注意发扬教学民主和管理民主，通过组织各种文体活动开展高校思想政治教育；在组织领导上，加强党对高校的领导，中央领导同志经常亲自上课、演讲，在学生中加强党的建设，发展党的组织，发挥党员的先锋模范作用。

同一时期，大后方高校的思想政治教育虽然处在国民党统治的高压政策下，但是注重宣传党的主张，依靠进步教授，凝聚进步力量，团结广大青年学生，开展多种多样的学术和文体活动，宣传抗日民族统一战线和党的全面抗战路线，提高了学生的政治觉悟和民族意识。如西南联大成立了党领导下的校内最大的进步社团——群社，设立学术、时事、文艺、服务等社团并开展活动，组织文艺社、剧艺社、歌咏队，创办《流火》《布谷》等壁报，成为党领导下开展民主斗争的重要堡垒和进行日常高校思想政治教育的场所。

（四）解放战争时期的高校思想政治教育

解放战争时期，党领导高校思想政治教育的工作中心是号召学生参加和支援解放战争，进行推翻国民党统治的斗争。抗战胜利后至中华人民共和国成立前夕，各大解放区都成立了人民革命大学，如东北军政大学、华北联合大学等。针对当时学生来源广、成分复杂的特点，党继承了苏区和抗日根据地的办学经验与优良传统，切实有效地加强高校思想政治教育。

在新解放区，民主政府接管和改造了一批高校，对学校的高校思想政治教育尤为重视。如西北局指示要派得力干部掌管学校，要遵循新民主主义的教育方针，调整课程和加强高校思想政治教育。东北解放区政府和东北局指示，凡是反动的封建法西斯主义的教材，都必须立即停止使用，要彻底改革内容，一切要按新民主主义教育的方针来办；要加强高校思想政治教育，学生必须学习马克思列宁主义、毛泽东思想，并加强国际主义教育。针对当时学生的思想实际和水平，党对高校学生的高校思想政治教育有了新的发展，指示要通过学习教育和生活实践，采取自由争辩、民主讨论、耐心说服等方式进行肃清旧思想残余的教育工作；注重引导学生在实践中展开思想教育，如组织学生参加土地改革运动、民主政治运动等实际革命斗争，以培养和提高青年学生认识客观真理和分清是非真伪的能力，认识到知识青年只有在党的领导下，与工农结合在一起才有前途。这些都收到了比较显著的效果。

在广大的国统区，党处于地下状态，处境十分艰难，但仍十分重视在学校中开展对青年学生的高校思想政治教育，进行反内战宣传与爱国民主运动。北平学委根据中央局的指示，派遣一批优秀党员进入北京大学、清华大学、燕京大学等高校，健全党、团组织，团结起广大青年学生，加强了北方学生的力量。

党善于抓住形势的变化，捕捉时机，运用实例教育学生，揭露国民党的反动腐朽和帝国主义的侵略本性。

二、从中华人民共和国成立到改革开放前夕的高校思想政治教育

新中国的建立揭开了中国教育史的新篇章，高校思想政治教育也开始了新的征程。从中华人民共和国成立到改革开放前夕，高校思想政治教育走过了一条艰难曲折的路程，既有丰富的经验，也有深刻的教训。这些经验与教训对改革开放后的高校思想政治教育都有深刻启示。

（一）社会主义改造时期的高校思想政治教育

在中华人民共和国成立初的七年里，党领导全国人民经历了土地改革、镇压反革命、抗美援朝和“三反”“五反”等政治运动，基本完成了社会主义改造，实现了从新民主主义到社会主义的转变。与此相对应，新中国对全国205所高校进行了分阶段的改革，掌握了所有高校的领导权，完成了对旧教育制度的改造，实现了由新民主主义教育向社会主义教育的转变。这一时期高校思想政治教育肩负着改造旧教育、创造新教育的重任，积累了不少宝贵经验，在高校思想政治教育史上占有极为重要的地位，主要表现在以下几个方面。

首先，重视高校思想政治教育，确立了高校思想政治教育在高等教育中的重要地位。1949年9月，中华人民共和国政治协商会议通过的《共同纲领》规定：新中国的文化教育是新民主主义的，即民族的、科学的、大众的文化教育，提出要以肃清封建的、买办的、法西斯主义的思想，发展为人民服务的思想为主要任务。我党改造了旧中国遗留下来的高校旧体制，废除了国民党实行的反动训导制度和限制学生参加政治活动的“入学保证书”制度，取消了“国民党党义”和“军事训练”等反动课程，取缔了国民党、国青团等反动组织，组建了党团组织，成立了学生会、教工会等群众组织。1953年5月，毛泽东亲自主持了政治局会议，专题讨论教育工作，配备充实高校领导骨干，决定抽调宣传教育部门及青年团的干部充实大学领导。党的过渡时期总路线提出后，又把社会主义教育和反对资产阶级思想腐蚀作为高校思想政治教育的任务，遵照毛泽东关于对青年进行“三好”教育的指示，以实现“三好”作为高校思想政治教育的工作方向和学生的努力目标，规定各类高校应该培养新型知识分子，作为国家建设的新型骨干。这样就把高校思想政治教育的重要地位具体体现和落实到各类高校的培养目标上了。

其次，设置马克思主义政治理论课，形成了比较科学的高校思想政治教育的课程体系。党和国家把开设政治理论课看作改造旧大学、建设新大学的重要标志，当作进行经常的系统的高校思想政治教育最基本的形式和根本方法，因而确立了其在高等教育和高校思想政治教育中的重要地位。最早开设政治理论课的是华北地区各大专院校的文学院、法学院。1950 年下半年，教育部召开了“全国高校政治课教学讨论会”，规定了今后全国推行高校思想政治教育的“三个重点”“三项规定”和“六项原则”。1952 年 10 月，根据政务院的有关规定，高等教育部发布的有关指示、决定和通知明确规定，把政治理论课作为“一切专业教育的基础”，和其他各种基础课、专业课一样统一列入各类高校各种专业的教学计划中，在高校开设了“新民主主义论”“中国革命史”“政治经济学”“辩证唯物主义与历史唯物主义”等马克思列宁主义公共必修课。经过一段时间的教学实践，教育部根据实际情况对课程设置、学期安排、学时要求、教学方法、成绩评定以及师资培训、教学组织领导等不断进行总结和调整，初步形成了马列主义政治理论课的较为完整的体系，确立了它在整个高校思想政治教育中的主渠道地位。

第三，建立政治工作机构，形成了高校思想政治教育体制体系。中华人民共和国成立初期，高校实行校长负责制，校长对学生德育智育体育全面负责。1952 年 9 月，中共中央转发中央教育部党组《关于在高等学校有重点地试行政治工作制度的指示》。该指示指出，需在高校建立政治工作制度，设立政治辅导处，并配备政治辅导员。政治辅导处是高校思想政治教育的专门机构，负责实施政治理论教育和思想政治工作。1953 年，清华大学率先建立政治辅导员高校的思想政治教育有了专门的组织机构，这一组织形式一直保留到今天，成为高校基层负责学生高校思想政治教育的组织力量。1954 年，教育部要求树立教师对学生全面发展负责的思想，把高校思想政治教育与专业知识教学紧密结合起来。1955 年 3 月，全国学校教育工作座谈会指出，要加强党委对学校教育工作的领导和监督，强调学校行政领导和党、团组织对学生的共产主义道德教育和学生的全面发展都负有重大责任。这样，经过几年的建构，各高校对高校思想政治教育进行组织领导的有效方式得到了全面加强，基本上形成了党委统领导，校长负责，以政治理论课为主体，各级党团组织、广大教师和辅导员分工配合，共同实施高校思想政治教育的工作体系，形成了新中国高校学生高校思想政治教育体制的雏形，为以后的完善和发展奠定了良好的基础。

第四，组织学生参加政治运动，在实践中提高师生的政治素质。中华人民共和国成立初期，我国处于新民主主义向社会主义转变的时期，政治运动频繁。

高校思想政治教育适应当时国际国内形势发展的需要，密切配合党的中心任务，发动师生参加政治运动，在实践中接受教育。例如，组织高校师生员工积极参加土地改革、镇压反革命等运动，使学生接受阶级观点教育、提高阶级觉悟和思想认识水平；组织师生投入社会主义改造高潮，划清工人阶级与资产阶级的思想界限；开展思想改造运动，提高知识分子的政治觉悟；开展共产主义道德教育活动，抵制资产阶级思想侵蚀。

第五，形成了一些比较有效的教育方法与途径，主要表现在两个方面：一是继承和发扬了党在革命战争年代进行高校思想政治教育的优良传统和政治优势，强调政治学习、批评与自我批评等，通过上党课、听讲座、举办党校培训、开展学马克思列宁主义、学党章学习小组等形式，进行富有成效的高校思想政治教育，培养造就了一大批有理想、有知识的社会主义事业的接班人；二是主要采用灌输式和说服法等显性教育的方法。各高校都花了大量精力组织安排学生的思想政治学习和培训，除了政治课、讲座等形式以外，还广泛利用广播、报纸、宣传栏等媒介，进行直接而明确的高校思想政治教育。这种形式单一的高校思想政治教育方法在当时特定的时期比较容易被接受，基本上适应于时代和社会对高校思想政治教育的要求。

总之，中华人民共和国成立初期高校比较重视坚持德、智、体全面发展，注重发挥教师教书育人的作用，高校思想政治教育的针对性强，理论联系实际，政工干部作风深入，广大青年学生在历次重大历史事件中都有出色表现，党和政府的号召受到学生的拥护和响应，主流应该得到肯定。但是，在那个时期也出现了一些偏差，如在学习苏联经验中出现了教条主义错误，在号召向科学进军时出现了忽视高校思想政治教育的倾向等。更值得引以为戒的是，那个时期的社会政治生活与学校的高校思想政治教育相混淆。由于高校思想政治教育采用了政治运动的方式，在运动中没有掌握必要的限度，有的时候甚至打乱了学校的教学秩序，伤害了一些知识分子，挫伤了学生学习的积极性。实践证明，高校思想政治教育不应该采取政治运动的方式来进行。

（二）全面社会主义建设时期的高校思想政治教育

1956—1966 年，是我国积极探索自己的发展道路的重要时期。高等教育事业迅速发展，党和政府在总结和研究教育规律、反思高校思想政治教育失误的过程中，对高校思想政治教育中的一些问题进行探索，提出了一系列正确原则、途径和方法，积累了丰富的经验。

1957 年 2 月，毛泽东发表《关于正确处理人民内部矛盾的问题》，提出了正确处理人民内部矛盾的学说，为高校思想政治教育提供了新的理论基础。毛泽东全面阐述了党的教育方针，应该使受教育者在德育、智育、体育几方面都得到发展，成为有社会主义觉悟有文化的劳动者。针对当时一部分人忽视政治的倾向，他提出要加强思想政治工作，要求知识分子和青年学生除了学习专业知识之外，在思想上要有所进步，政治上也要有所进步，这就需要学习马克思主义，学习时事政治。没有正确的政治观点，就等于没有灵魂。他还指出，对学生的思想政治工作，各个部门都要负责任。共产党应该管，青年团应该管，政府主管部门应该管，学校的校长教师更应该管。这些是对中华人民共和国成立以来我国高校思想政治教育的重大发展，奠定了社会主义时期高校思想政治教育的理论基础。但是，1957 年的反右派斗争扩大化，把高校思想政治教育作为思想政治战线上社会主义革命的组成部分，使高校思想政治教育偏离了正确方向。

这一时期，党从战略的高度上提出了“又红又专”的培养目标，为广大学生指引了正确的成才方向和人生道路，具有积极意义。在1958年的“教育大革命”中，毛泽东在《工作方法六十条（草案）》中提出了“又红又专”的问题。他说：“红与专、政治与业务的关系，是两个对立物的统一。一定要批判不同政治的倾向。一方面要反对空头政治家，另一方面要反对迷失方向的实际家。”

1959 年 6 月，中共中央批转共青团中央《关于对学生进行高校思想政治教育中几个问题的报告》，提出了改进学校思想政治工作的几点意见：一是要按照学校的特点进行工作，学校工作以教学为中心，思想工作应当有利于教学工作的进行，有利于在学生中形成认真读书、刻苦钻研的风气，不能事事搞运动，天天搞运动，而应当经常进行深入细致的思想教育工作；二是要善于运用各种思想工作阵地，多方面地对学生进行教育；三是要具体分析，区别对待，严格区分两类不同性质的矛盾，在进行教育的时候坚持说服的方法，不能采取简单粗暴的压服办法；四是要注意在学校中营造民主的、自由争论的风气，培养学生勇于坚持真理、改正错误的精神。

高校贯彻以上指示精神后，思想政治工作中的“左”倾错误的纠正出现了可喜的转机。1961 年中共中央颁布了《高校六十条》，对高校政治教育的任务、内容、原则、方向等问题做出了明确的规定，提出了“两个具有、两个拥护、两个愿意、一个通过，达到四个观点”的总体规格要求。这些要求纠正了 1958 年以来在政治与业务、“红与专”方面的偏差，不仅对高校思想政治教育指明了方向，对 20 世纪 60 年代前期所培养出来的人才起了重要作用，而且对当今的高校思想政治教育具有很重要的借鉴意义。

三、改革开放新时期的高校思想政治教育

1978 年 12 月召开的党的十一届三中全会确定了正确的思想路线，做出了工作重点转移到社会主义现代化建设上来的决策，开创了改革开放和社会主义现代化建设的新时代。十一届三中全会推动了思想解放，指引高校思想政治教育走上了健康发展的轨道。

考察改革开放以来高校思想政治教育的发展与转型，离不开对当代中国社会发展变革的审视。这一时期，社会发生了重大变革，社会结构整体调整，社会从计划经济向市场经济转变，从传统农业社会向现代型工业社会转变，从单质文化社会向多元文化社会转变。伴随着由封闭走向开放的这一变革过程，大学生的思想状况发生了重大变化，高校思想政治教育也经历了变化的过程，以 1989 年为界大致分为两个阶段，每一个阶段又可分为若干小的阶段。

（一）从 1979 年初至 1989 年夏天的高校思想政治教育

从 1979 年初至 1989 年夏天，一方面要恢复高校思想政治教育的优良传统，重建思想政治工作队伍，改进和加强思想政治教育，促进广大学生的健康成长；一方面又面临种种错误思潮的冲击、思想理论界的某些混乱、社会舆论的某些误导，以及国内外敌对势力的干扰破坏，高校思想政治教育的地位、作用几度面临被削弱的困境。高校思想政治教育面临着严峻的形势，开始全面探索改革发展的道路，在理论和实践中积累了许多宝贵经验和教训。

1. 改革开放初期（1979 年初至 1984 年 10 月），高校思想政治教育在恢复中重建

随着十一届三中全会、十一届六中全会的相继召开，党的“解放思想、实事求是”的思想路线的重新确立，高校思想政治教育也实现了思想认识领域的拨乱反正，经历了一个从整顿恢复到开始新的探索的过程，展开了全方位的建设。这一时期，高校思想政治教育的重要内容和显著特点表现在以下几个方面。

第一，高校思想政治教育开始拨乱反正。1980 年 4 月，教育部、共青团中央联合发出《关于加强高等学校学生思想政治工作的意见》，要求高校必须把学生的思想政治工作放在首位，努力使学生确立正确的政治方向和为人民服务的思想。1980 年底至 1981 年初的半年中，中央书记处曾四次听取教育部党组关于教育战线情况的汇报，讨论高校的思想政治工作，并做出明确指示。1981 年 6 月，党的十一届六中全会通过了《关于建国以来党的若干历史问题的决议》，指出：“思想政治工作是经济工作和其他一切工作的生命线。”肯定了思想政

治工作的地位，为高校思想政治教育的拨乱反正指明了方向。1982年党的十二大第一次明确把教育和科学作为社会主义建设战略重点之一，并把社会主义精神文明建设提到社会主义建设的战略方针的地位，明确了高校思想政治教育的战略地位、指导思想和根本任务。这期间，邓小平多次对高校思想政治教育发表重要讲话，做出了“教育要面向现代化面向世界、面向未来”的指导方针，提出了做“有理想、有道德、有文化、有纪律”的社会主义新人的要求。这些为寓校的思想政治教育明确了方向，具有十分重要的指导意义。

第二，高校普遍开设共产主义思想品德课。1980年春，大连工学院首先开设了思想修养课，以后北京、上海、江苏等地的部分高校陆续进行开设共产主义思想品德课的尝试，收到了良好的效果。1982年10月，教育部发出《关于在高校逐步开设共产主义思想品德课的通知》。该通知指出，有必要把共产主义思想品德课作为一门必修课程，纳入教学计划。这一课程的教学，由主管学生思想政治工作的部门组织实施。从此，思想品德课在全国各高校迅速开展，成为对学生系统瑪行理想、道德、人生观教育的一门重要课程。1984年9月，教育部在总结各校开课经验的基础上，正式发出《关于高等学校开设共产主义思想品德课的若干规定》，指出共产主义思想品德教育是高校学生思想政治教育的重要组成部分，共产主义思想品德课应纳入教学计划，并对课程的任务、内容、教学原则、考核、队伍建设和教学机构等做出具体规定，要求针对大学生普遍关心和迫切要求解决的问题给予科学回答，理论联系实际，着重进行人生观和道德观的教育。根据《关于高等学校开设共产主义思想品德课的若干规定》要求，全国大多数高校都开设了这门课程，调配师资建立教研室，编写教材加强课程建设，为大学生高校思想政治教育增添了新经验。

第三，广泛开展爱国主义、社会主义和共产主义教育。高校采取多种形式开展爱国主义教育，如开设有关课程或系列讲座，着重进行近现代史教育；开展学习雷锋和张海迪活动，进行人生、理想和价值观问题讨论和人生观教育；每年三月普遍组织开展“五讲四美三热爱”教育活动。为指导爱国主义教育，中央宣传部发出了《关于加强爱国主义宣传教育的意见》，指出经常进行和加强爱国主义的宣传教育、培养爱国主义精神是建设以共产主义思想为核心的社会主义精神文明建设的一项重要任务。1982年10月和11月，教育部先后召开了高校思想政治工作座谈会和高校共产主义思想教育经验座谈会，交流对学生进行共产主义教育的经验，共产主义教育活动取得了明显成效，“振兴中华”的口号成为广大学生的共同心声。

第四，探索新时期高校思想政治教育的新课题，恢复高校思想政治教育的优良传统，重建高校思想政治教育队伍。1980 年 4 月，教育部、共青团中央发出《关于加强高等学校学生思想政治工作的意见》，明确指出：“从事学生思想政治教育的队伍，既是党的政治工作一部分，也是师资队伍的一部分。”强调必须建立一支坚强的、有战斗力的政治工作队伍；组织党章学习小组，重视在大学生中发展党员的工作。“高校思想政治教育是一门科学”的命题得到广泛认可，部分高校设立高校思想政治教育专业，探索高校思想政治教育科学化的客观规律；开展学习华山抢险战斗集体，总结和推广第四军医大学思想工作经验教育部颁发并在全国试行《高等学校学生守则（试行草案）》，加强学生管理工作；召开全国高校思想政治工作会议，总结经验和成绩，强调要以改革的精神进一步改善和加强思想政治工作。

2. 经济体制转变时期（1984 年 10 月至 1989 年 6 月），高校思想政治教育一度跌入低谷

1984 年 10 月，党的十二届三中全会通过了《中共中央关于经济体制改革的决定》。1985 年党中央又相继开展科技体制和教育体制的改革，对高校思想政治教育产生了重大影响。20 世纪 80 年代中后期，面对社会结构和经济体制从有的放矢地进行马克思主义理论教育和形势政策教育，把高校思想政治教育与业务教学工作结合起来，把发扬民主与加强法制纪律教育结合起来，对学生要严格要求、积极疏导等八个方面改进高校的思想政治工作。各高校对《中共中央关于经济体制改革的决定》进行了认真的贯彻执行。根据该决定精神，国家教委批准 105 所重点院校在 1987 年组织学生进行军训试点。学生经过军训，取得了很好的效果，成为思想政治教育行之有效的一项制度，这项制度一直沿用至今。

第一，组织学生参加经常性的社会实践活动。高校逐渐认识到社会实践对高校思想政治教育课堂教学补充和延伸的重要作用。针对大学生脱离实践，对国情民情了解不够，容易受资产阶级自由化思潮影响的弱点，高校普遍积极引导学生参加社会实践。1987 年 6 月，国家教委和共青团中央联合发出了《关于广泛组织高等学校学生参加社会实践活动的意见》，强调组织学生到建设、改革的第一线去，向实践学习，逐步建立社会实践基地，保证活动经常化制度化。在教育部门和共青团的倡导和推动下，大学生社会实践活动在全国高校以多种形式广泛开展。据不完全统计，1987 年全国有 100 多万大中专学生参加了社会实践活动。在实践中，广大学生发挥自己的知识技能优势，为两个文明建设作贡献，同时增进了对国情、民情的了解，增强了社会责任心和历史使命感。社

会实践成为开展高校思想政治教育的有效方式。

第二，改革高校思想品德和政治理论课程教学。1985 年是高校思想政治教育教学工作的一个重要转折点，中共中央发出了《关于改革学校思想品德和政治理论课程教学的通知》，要求认真改革高校思想品德和政治理论课的课程设置、教学内容和教学方法，以适应形势的需要。《关于改革学校思想品德和政治理论课程教学的通知》发布后，引起了广泛反响，各地高校进行了传达、学习，并依据大纲精神，编写了多套教材。经过一个时期的实践，根据新时期对思想教育提出的要求和高校学生的实际情况，国家教委于 1987 年 10 月发出《关于高等学校思想教育课程建设的意见》，规范了课程体系，将思想品德教育课程设置为“形势与政策”“法律基础”“大学生思想修养”“人生哲理”和“职业道德”等五门课程。各高校从课时、制度、师资等方面给予保证，积极稳步推动思想教育课程的建设，对于引导大学生正确认识改革开放初期我国在一定程度和一定领域内出现的消极腐败现象，正确认识各种西方社会思潮起到了积极作用。

（二）1989 年 6 月以来的高校思想政治教育

进入 20 世纪 90 年代，中国经济的持续快速发展，党和国家关于建设社会主义精神文明、加强大学生高校思想政治教育的一系列大政方针的制定和落实，对扭转高校思想政治教育的不利局面产生了积极的作用。尤其是 1989 年 6 月党的十三届四中全会的召开，标志着高校思想政治教育进入了一个不同于以往的新阶段，是高校思想政治教育史的一个重要分界线。之后的近二十年，高校思想政治教育稳步、健康发展。

1. 调整时期（1989 年 6 月至 1992 年 10 月），高校思想政治教育在反思中前进

1989 年，党中央强调要站在历史高度，以战略眼光认识高校的思想政治教育。中央教育行政部门要求把高校思想政治教育放在学校工作的首位。高校思想政治教育在政策的支持和激励下，开始了自身的调整和完善，出现蓬勃生机。这一时期，高校思想政治教育的特点表现在以下几个方面。

第一，提高思想认识，健全高校思想政治教育的领导体制和工作体制。党的十三届四中全会之后，党中央深刻总结了党在高校思想政治教育问题上的教训，做出了一系列批示和决定。有关领导人也多次发表讲话，要求大力加强党的建设、加强精神文明建设、加强高校思想政治教育。高校深刻认识到思想政治教育问题的严重性和迫切性，把培养什么样的人、怎样培养人作为学校的根

本任务来抓，普遍加强了对高校思想政治教育的领导，健全了高校思想政治教育的领导体制和工作体制。首先，成立了由党委书记或主管高校思想政治教育的副书记牵头的，有团委、工会、学生处、教务处、研究生处、“两课”教学的负责人以及有关院系党总支主管学生工作的副书记参加的思想政治工作领导小组，从组织上保证了对高校思想政治教育的领导。其次，在党委领导下，形成了主要由各党总支、支部系统，团委、分团委、团支部系统，辅导员系统，“两课”教学系统组成的思想政治教育系统。这样，在领导体制和工作体制上保证了高校思想政治教育的切实开展。

第二，反思高校思想政治教育的经验教训，增强坚持四项基本原则教育的自觉性。党的十三届四中全会提出了改革、发展、稳定的大政方针，把加强思想政治工作、反对资产阶级自由化作为中心议题，重新确立思想政治工作是生命线的地位和作用。高校认真贯彻党的十三届四中全会精神和邓小平同志的几次重要讲话，加强和改进思想政治工作，继续开展坚持四项基本原则、反对资产阶级自由化的教育；加强和改善党的领导，搞好党的思想和组织建设，遏制了资产阶级自由化思潮的泛滥。为了矫正大学生对社会主义的一些模糊认识，1989 年 7 月，国家教委发出了《关于新学年对学生集中进行政治教育和理论教学的通知》，要求各高校集中一段时间对学生进行广泛深入的政治和法制教育。

第三，组织高校青年师生开展学习马克思主义著作活动。1989 年下半年以来，高校出现了认真学习马列主义、毛泽东思想和邓小平理论的可喜现象，大学生中出现了“毛泽东热”“学马列热”。为引导和推动学习马克思主义理论活动健康、深入、持久地开展下去，1991 年，中共中央宣传部教育局、国家教委思想政治工作司、共青团中央学校工作部组织编写了《马列著作青年读本》、《毛泽东邓小平著作青年读本》以及《马克思主义著作青年读本导读》，发出了《关于组织高等学校青年师生学习马克思主义青年读本的通知》，要求各级党团组织对青年师生学习马克思主义著作的活动要加强领导，使之与加强和改进高校的思想政治教育结合起来，方式多样，注重实效。在这一精神的指导下，学习活动在全国高校普遍展开，深入发展，成为一种群众性的活动。

2. 建立社会主义市场经济体制时期（1992 年 10 月至 1997 年 9 月），高校思想政治教育焕发生机

以 1992 年邓小平同志南方谈话和十四大为标志，我国改革开放和社会主义建设事业进入了一个新的发展阶段。市场经济的蓬勃发展，构成了高校思想政治教育改革与发展的大背景。针对市场经济的影响，高校一方面增强了思想

政治教育与社会的联系，在内容上更加注重贴近社会生活；另一方面为了消解市场对大学的负面效应，突出爱国主义、集体主义、社会主义的主旋律教育。同时，高校加快思想政治教育的基础建设，不断提高高校思想政治教育的科学性和系统性。《中国普通高等学校德育大纲》的颁布试行，使高校思想政治教育在系统化、规范化、制度化方面迈出了可喜的一步。这一时期高校思想政治教育的特征主要表现在以下几个方面。

第一，高校思想政治教育坚持正确的价值导向，增强对现实的贴近感。社会主义市场经济的蓬勃发展，使青年学生在思维方式、思想观念、价值取向、人生态度等方面发生了一系列变化，高校思想政治教育面临前所未有的挑战与机遇。面对市场经济的冲击与挑战，如何坚持社会主义意识形态的主导地位，如何教育引导青年学生正确认识我国国情，如何引导学生树立正确的世界观、人生观和价值观，如何指导学生在观念、知识、能力和心理素质方面尽快适应新的要求等，是高校思想政治教育需要研究和解决的新课题。高校思想政治教育紧紧围绕如何适应社会主义市场经济体制，把引导学生树立正确的世界观、人生观和价值观作为根本目标，注重贴近现实、贴近生活、贴近学生，积极探索社会主义市场经济条件下开展高校思想政治教育的新思路、新方法。

第二，坚持以爱国主义、集体主义、社会主义作为高校思想政治教育的主旋律，爱国主义教育成为高校思想政治教育的基础性内容。党的十四大报告指出：要发挥思想政治工作的优势，在全国各族人民特别是青少年中，进一步加强党的基本路线教育，爱国主义、集体主义和社会主义思想教育，近代史、现代史教育和国情教育，增强民族自尊、自信和自强精神抵御资本主义和封建主义腐朽思想的侵蚀，树立正确的理想、信念和价值观。1994 年 9 月中共中央颁发《爱国主义教育实施纲要》，提出了教育的原则、内容、对象和措施，是新中国建立以来关于爱国主义教育的一个最为完整的文件，是我国爱国主义教育史上的一个里程碑。《爱国主义教育实施纲要》指出：爱国主义的重点是广大青少年，要培养广大青少年的爱国主义感情，提高他们的爱国主义觉悟，引导他们树立正确的理想、信念和人生观、价值观。1996 年党的十四届六中全会通过的《中共中央关于加强社会主义精神文明建设若干重要问题的决议》强调，爱国主义是精神文明建设的一项重要内容，加强爱国主义教育，要贯穿社会主义现代化建设的全过程。江泽民同志在闭幕会上提出："要通过生动活泼的形式，广泛、深入地加强爱国主义教育和宣传，提高全国人民的民族自尊心、自豪感，在全社会进一步发扬以热爱祖国、贡献全部力量建设祖国为最大光荣、以损害祖国利益和尊严为最大耻辱的好风尚。"各高校在弘扬爱国主义教育主旋律方面取得了不少经验，如建立爱国主义教育示范基地，以纪念或迎接重大历史事件为契机开展爱国主义教育等。

第三，高校德育管理体制改革方向明确，高校思想政治教育领导体制趋向成熟。新时期社会政治、经济的改革给高校思想政治教育带来新的挑战，有力地促进了高校思想政治教育领导体制的改革。中华人民共和国成立初期，高校实行校长负责制，高校思想政治教育的专门机构和学校高校思想政治教育由校长负责。1994 年 8 月，《中共中央关于进一步加强和改进学校德育工作的若干意见》指出："各级各类学校党组织都要加强对学校思想政治教育工作的领导。不管学校实行何种领导体制。校长都要对学生的德智体全面发展负责；在党委（总支、支部）的统一部署下，学校都要建立和完善校长及行政系统为主实施的德育管理体制。要把德育贯穿在教育的全过程，落实在教学、管理、后勤服务的各个环节上。"

按照这一意见要求，党委要研究思想、政治、理论动态，掌握思想政治教育的主动权，负管理体制的转变，既有利于党委更好地发挥核心领导作用，也有利于校长及行政系统充分行使应尽的职责，从管理体制上进一步克服德育、智育"两张皮"的不正常现象，把德育真正纳入学校教育的整体之中。这是对中华人民共和国成立以来高校思想政治教育领导体制建设经验的总结，是新时期高校德育管理体制的一项重要改革，为创建高校思想政治教育新格局确立了明确的方向。1995 年国家教委发布了试行《中国普通高等学校德育大纲》的通知，这是我国第一部全面、系统地规范高校德育工作的重要文件，使我国高校思想政治教育走上了"依纲管理、依纲育人、依纲考评"的科学化、规范化的道路。

3. 深化改革、全面建设小康社会时期（1997 年 9 月以来），高校思想政治教育深入健康发展

从 20 世纪末开始，伴随着中共十五大、十六大、十七大的胜利召开，中国社会的政治主题词发生了引人注目的变化，以德治国、以人为本、科学发展观、全面建设小康社会、建设和谐社会等，犹如一条完美的弧线勾勒出中国社会在新世纪发展的轨迹与取向。在这样的大背景下，高校思想政治教育开始了更深层次、更全面的变革。这一时期，素质教育纳入高校思想政治教育的目标体系，高校思想政治教育的目标、任务不断明确，内容、形式不断发展并日趋多样化。在思想政治工作中，既重视政治思想教育，又加强大学生的道德品质教育；既注重发挥思想政治理论课教学的主渠道作用，又不断拓展有效途径。这一时期高校思想政治教育的主要特点分为以下几点。

第一，全面推进素质教育，把素质教育纳入高校思想政治教育的目标体系。这一时期高校思想政治教育的一个重大变化，就是确定了高校思想政治教育在全面素质教育中的地位，进一步完善了高校思想政治教育的目标体系。1998 年教育部颁布了《面向 21 世纪教育振兴行动计划》，将大力推进素质教育列为高等教育近期发展目标。1999 年 6 月《中共中央国务院关于深化教育改革，全面推进素质教育的决定》明确提出："实施素质教育，就是全面贯彻党的教育方针，以提高国民素质为根本宗旨，以培养学生的创新精神和实践能力为重点，造就'有理想、有道德、有文化、有纪律'的、德智体美等全面发展的社会主义事业建设者和接班人。"它指明了 21 世纪素质教育的根本方向。2001 年 9 月中共中央颁发了《公民道德建设实施纲要》，倡导"爱国守法、明礼诚信、团结友善、勤俭自强、敬业奉献"的公民道德规范要求，成为高校开展道德教育的基本内容，为高校开展道德教育指明了方向。素质教育是以全面提高学生的整体素质为目标，包括思想道德素质、科学文化素质、审美素质、身体素质、心理素质，是一项系统工程。从这层意义上说，全面推进素质教育的思想，改变着人才培养模式，它推动了学校高校思想政治教育目标体系进一步丰富、深化和完善。主要表现为，高校思想政治教育目标的内容由单一性向多样性转化，由突出政治到强调突出政治、思想、品德、心理的综合。道德品质和基础文明的培养，更是这一时期高校思想政治教育的特色。

第二，推进"两课"课程教学改革，把邓小平理论和"三个代表"重要思想作为高校马克思主义理论教育的中心内容。党的十五大确立了邓小平理论在全党的指导地位，在党的建设和发展史上树立了新的里程碑。为了贯彻落实党的十五大精神，1998 年 4 月，中央批准高校马克思主义理论课和思想品德课程设置新方案（即"98"方案），设置"马克思主义哲学""马克思主义政治经济学""毛泽东思想概论""邓小平理论概论""当代世界经济与政治""思想道德修养""法律基础"为普通高校思想政治理论必修课，规定要把学习邓小平理论作为高校思想政治课的中心内容，大力推进邓小平理论的"三进"（进教材、进课堂、进学生头脑）工作，邓小平理论教育教学工作在高校全面实施。此后，教育部又于 2003 年 2 月发布了《关于进一步深化"三个代表"重要思想"三进"工作的通知》，对高校"两课"教学中的"三个代表"重要思想的"三进"工作提出明确要求。

在全面建设小康社会的新形势下，2005 年 3 月，颁布的《中共中央宣传部教育部关于进一步加强和改进高等学校思想政治理论课的意见》，明确了 2005 年高校思想政治教育理论课程改革新方案，把"马克思主义基本原理""毛泽东思想、邓小平理论和‘三个代表’重要思想概论”“中国近现代史纲要”和“思想道德修养与法律基础”四门课程，规定为高校本科的思想政治理论课的必修课，同时开设形势政策课。至此，一个结构合理、功能互补的马克思主义理论教育和思想品德教育的课程体系已经形成。

第三，坚持科学发展观和“以人为本”，确立全面发展的根本目标。思想政治教育的目标不仅反映社会发展的需要，也开始关注大学生健全人格的培养。党的十六大把“促进人的全面发展”作为全面建设小康社会的一项重要内容，把培养当代大学生的健全人格作为促进人的全面发展和社会进步的必然要求。2004 年 8 月，中共中央、国务院制定并发出的《关于进一步加强和改进大学生思想政治教育的意见》指出，加强和改进大学生思想政治教育是一项重大而紧迫的战略任务，该意见成为新形势下指导大学生思想政治教育的纲领性文件。为贯彻落实中央文件精神，2005 年 1 月，全国加强和改进大学生高校思想政治教育会议召开，明确地重申要加强和改进大学生思想政治教育，要以理想信念教育为核心，以爱国主义教育为重点，以公民道德规范教育为基础，以大学生全面发展为目标，深入进行素质教育，促进大学生思想道德素质、科学文化素质和健康素质协调发展。《关于进一步加强和改进大学生思想政治教育的意见》和“讲话”紧紧把握科学发展观的核心，明确把以人为本作为加强和改进高校思想政治教育的中心思想，站在历史的高度更明确地重申了大学生的全面发展是高校思想政治教育的根本目标。

第四，咨询备受重视，心理健康教育成为高校思想政治教育一种新的运作方式。20 世纪 90 年代后期，从高等教育大众化到毕业生就业制度的改革，从经济全球化步伐的加快到信息时代网络化的发展，中国社会的急剧变迁带来了各种社会问题，新的历史条件对大学生心理素质方面提出了更高的要求。加强大学生心理健康教育工作是时代发展的需要，是高校思想政治教育工作的重要组成部分，是促进大学生全面发展的重要途径和手段。心理健康教育已经进入越来越多的高校，在实践中越来越显示出其生命力。2001 年发布的《教育部关于加强普通高等学校大学生心理健康教育工作的意见》明确了大学生心理健康教育工作的主要任务和内容，要求提高对其重要性的认识，增强紧迫感，探索新思路。2002 年教育部下发了《普通高等学校大学生心理健康教育工作实施纲要（试行）》，明确要求各地教育工作部门和各高校，要切实加强对大学生心理健康教育工作的领导，把心理健康教育工作纳入学校德育工作管理体系中，积极支持开展大学生心理健康教育工作。全国各高校注重大学生心理健康教育工作队伍的建设，开设心理健康教育课，建立心理健康咨询室，开展心理健康教育、咨询与辅导工作，逐步展开了深入细致的工作，在促进大学生心理健康发展方面取得了较为明显的效果。党的十七大提出，加强和改进思想政治工作，要注重人文关怀和心理疏导。实践证明，将心理健康教育纳入高校思想政治教育体系，有利于全面推进素质教育的目标，有利于提高高校思想政治教育的实效性，有利于大学生个体人格的发展。

第五，高校思想政治教育不断开辟新途径，形式更加多样化。加强校园文化建设普遍受到高校重视，如许多高校以团委、学生会为主导举办文化节、科技节和体育竞赛等文化科技活动，营造活跃、健康的校园环境；许多高校都成立了大学生马列主义研究会，组织学生学习马克思主义经典著作，开展学术讨论；大学生高校思想政治教育“新三进”（进社团、进社区、进网络）工作积极推进；以“挑战杯”为龙头的科技创新教育和竞赛活动受到大学生的热烈欢迎和积极参与；积极开展助学贷款、扶助经济困难家庭学生完成学业，成为思想政治教育的新领域；大学生职业生涯规划教育作为高校思想政治教育的新载体开始受到重视，就业指导教育作为高校思想政治教育的新途径得到加强；网络被大多数高校所运用，全国建立了 300 多个“红色网站”，开展健康向上、丰富多彩的网络文化活动，利用网络对大学生进行“无形教育”，高校思想政治教育工作的辐射力、吸引力和感召力不断增强。

总之，党的十一届三中全会，是高校思想政治教育遵循党的基本路线，适应党的工作重心的转移，紧密围绕培养社会主义建设者和接班人的根本任务，不断进行调整改进的历程；是面对改革开放和建立社会主义市场经济体制的新形势、新情况，不断探索，开拓前进的历程。回顾这段发展历程，有许多带有根本性、指导性和规律性的经验值得我们认真总结。

四、中国特色社会主义新时代高校思想政治教育

党的十九大在回顾中国特色社会主义历史性变革的基础上确立了中国特色社会主义进入新时代的历史方位，明确了新时代中国共产党的历史任务、基本方略和战略部署，为新时代中国特色社会主义伟大事业描绘了新的蓝图，也为新时代大学生思想政治教育指明了方向。高校应深入学习贯彻习近平新时代中国特色社会主义思想和党的十九大精神，全方位践行新时代大学生思想政治教育使命。

（一）培养新时代中国特色社会主义思想品德

新时代中国特色社会主义思想品德主要包括思想素质和道德品质两个部

分。思想素质主要包括世界观、人生观和价值观。世界观是指人们对整个世界的根本观点和看法，人生观是指人们对人生目的和意义的根本态度和看法，价值观是指基于人的一定的思维感官之上而做出的认知、理解、判断或抉择。道德品质是指人们依据一定道德行为准则行动时所表现出来的某些稳固的特征，包括道德认识、道德情感、道德意志、道德行为方式等。高校应自觉用习近平新时代中国特色社会主义思想去引导大学生树立正确的世界观、人生观和价值观，关注大学生思想品德养成的整个矛盾统一过程，不断提升大学生的思想素质和道德品质。

高校应把思想品德培养渗透融入大学生学习生活的各个环节，持续开展辩证唯物主义、历史唯物主义、马克思主义认识论、社会主义核心价值观教育，坚持把立德树人、规范管理的严格要求和春风化雨、润物无声的灵活方式相结合，引导大学生正确认识时代责任和历史使命，勇做走在时代前列的奋进者和开拓者。

（二）塑造新时代中国特色社会主义理想人格

根据马克思主义人格学原理，新时代中国特色社会主义理想人格至少包括四种基本精神要素，即协调精神、创新精神、进取精神和反省精神。协调精神要求大学生努力学习马克思主义和新时代中国特色社会主义重要理论，能够正确处理国家、集体和个人的关系，做一个目光远大、奉公守法、道德高尚、关心社会的时代青年；创新精神要求大学生养成浓厚的学习兴趣、掌握扎实的专业基础、锤炼缜密的学科思维，做一个具有强烈创新意识和较强创造能力的时代青年；进取精神要求大学生乐观、自信、敢干，积极参与竞争，勇于迎接挑战，做个锐意进取、坚韧不拔的时代青年；反省精神要求大学生善于自律、反思、慎独、改过，能够经常实现自我意识的分化和同一，做一个既能肯定自己也能自查问题的时代青年。

高校可以从五个方面来努力塑造大学生的理想人格：一是强化校园思想文化建设的政治方向和价值引领，通过环境的改善和建设来熏陶和染化大学生的人格；二是不断增强思想政治工作队伍的政治素质和品德修养，用教育者的人格魅力去感化大学生的人格；三是强化深度辅导工作，深入了解大学生最真实的学习生活情况、最普遍的思想动态和最实际的困难与需求，探索隐藏在表象背后的实质问题，帮助大学生有效解放思想、学业、情感、心理等方面的困扰，通过这种理性逻辑力量来影响大学生的人格；四是通过营造学习氛围、开展系列活动、搭建锻炼平台等方式来引领大学生的日常行为和习惯养成，进而教育和强化大学生的人格；五是通过开展法治教育、惩戒违纪行为等方式来规范导正大学生的人格。

（三）引导新时代中国特色社会主义行为实践

大学生的行为大多是被一定的动机激发，但引起大学生产生动机的因素有很多，可能主要是大学生内在的某种需求或理智判断，也可能主要是某种外部环境的刺激，还可能主要是高校教育者的教育指导。大学生对引起自己动机和行为的主要因素并不一定都能意识到。当前环境极为复杂、千变万化，高校应自觉用习近平新时代中国特色社会主义思想引导大学生选择正确的和积极的行为，通过坚强有力的思想政治教育工作指引大学生不断更新知识、转变观念态度、改正行为方式。

高校可以从三个方面来努力引导大学生的行为实践：一是深入开展习近平新时代中国特色社会主义思想学习、宣传、研究活动，使先进思想切实转化成大学生在理想信念、价值理念、道德观念上的共识和行为实践上的遵循；二是综合运用课堂教学、网络平台、学生社团、社会实践等渠道和载体，激励大学生做社会主义核心价值观的坚定信仰者、积极传播者、模范践行者；三是指导大学生建构大学目标、培养学习兴趣、端正学习态度、养成良好习惯，教育大学生勇敢面对、正视、化解自我精神症结，为大学生的高质量就业和职业发展规划提供系统、科学、有针对性的咨询和帮扶。

习近平新时代中国特色社会主义思想是引领新时代航向的指南针，也是新时代大学生思想政治教育的理论指南。高校应以党的十九大精神为指引贯彻落实立德树人根本任务，以习近平新时代中国特色社会主义思想为指导解决大学生思想政治教育工作中的矛盾和问题，勇担新时代大学生思想政治教育发展的历史使命，不断增强新时代大学生思想政治教育的引导力和感召力。

五、高校思想政治教育工作不足之处及原因分析

（一）高校思想政治教育工作不足之处

1. 教育内容缺乏科学的分层

高校思想政治教育内容是影响教育效果的重要组成部分。高校思想政治教育工作虽然有各类规章制度的约束，但是其内容并非一成不变的，也并不是所有高校都是一模一样的。高校思想政治教育工作的内容，应该根据社会发展和时代的变化，进行及时更新与补充，如此才能吸引学生的兴趣，也才能够为当代大学生解答现实中的疑问与困惑。

但是反观现实，我国的高校思想政治教育工作内容却存在明显的问题。首先现有的教育内容缺乏应有的系统分类。如部分高校过于重视理论的讲授，缺乏对现实问题的讲授与分析，导致思想政治教育工作缺乏合理的分层。部分高校对讲授内容设置缺乏针对性，在大一学生中同样开设就业指导课和创业培训课，这不仅导致资源的浪费，也严重降低了学生的学习兴趣。其次高校思想政治教育内容缺乏层次性。处于青春期的大学生正是知识体系丰富和快速成长的阶段，必须紧紧抓住其成长规律与专业方向，设置内容科学体系健全的教学内容。但是，现阶段的高校思想政治教育工作却没有做到这一点。未能设置体系合理的课程体系，无法真正地做到与大学生成长规律相符，最终导致大学生在整个大学生涯所接受的教育内容缺乏层次性，大大降低了高校思想政治教育工作的水平。

2. 教育方法单一、形式单调

由于受我国传统教育观念的影响，高校思想政治教育工作者在实际工作过程中缺乏应有的互动，依然采取“我听你说”的方法，注重将自身知识与观点灌输给学生，但是缺乏对学生思想观点的引导，与学生的互动与交流明显不足。

首先，教育方式过于单一，对大学生成长发展需要缺乏重视。现阶段我国的高校思想政治教育工作中的理论教学太过重视理论灌输与日常行为管理，也过于重视对大学生在精神层面的教育，而对大学生现实生活中与学习中面临的实际问题缺乏有针对性的解答，对大学生现实中的物质需要也缺乏应有引导。大学生思想政治教育与校园内学生组织缺乏联系，双方各自为战，效果并不明显。这就直接导致了大学生理论学习与实践学习的脱节。

其次，随着我国科技水平的发展，高校各类教学设备工具更新换代较快，但是部分高校由于主观和客观原因，不能及时对老旧设备进行更新。虽然部分高校对教学设备进行了更新换代，但是使用率较低，仅仅是应付评估检查的摆设，严重影响了高校思想政治教育工作的顺利实施。特别是新型教育网站的运用，拓展了高校思想政治教育工作的方式与途径，提供了网络基础，但是现实中，这些相关的设备和网站的使用率却很低，即使使用了也存在内容陈旧，吸引力低的问题。

3. 教育效果评价方式不一致、知行矛盾

高校思想政治教育工作的重要目的之一就是要培养塑造大学生良好的思想品质和行为习惯。但是现实中考评标准的混乱与考评机制的缺位，已经明显限制了高校思想政治教育工作水平的提高。

首先，教育评价体系不完整。从现阶段的现实情况看，高校思想政治教育工作者的工作成效无法得到公平合理的评价，这就导致很多教师存在“干多干少一个样，干好干坏一个样”的错误思想，严重挫伤了部分优秀教师的工作积极性，不利于管理与教学水平的提高。同时，缺乏应有的工作考评机制，也影响到学生对高校思想政治教育工作的尊重程度，不利于工作的顺利开展。因为缺乏考评机制，高校在对大学生思想政治工作进行改进与完善时，找不见相应的不足和漏洞，影响了此项工作的进一步完善与提升。

其次，从教育效果层面来看，主渠道与主阵地的相互脱离是造成大学生知行矛盾的根本原因。大学生思想政治工作的开展，必须将学习与实践二者结合起来，在为学生宣传和灌输良好道德修养的同时，还必须引导学生将所学到的良好道德习惯应用于日常生活中，不仅能够帮助学生自身提升道德修养，养成良好行为习惯，同时也有助于帮助和影响周围其他同学和朋友亲人。但是目前的情况看，因为监督机制和考评机制的缺乏，导致很多学生在学习之后，并没有将所学的优秀思想与良好习惯应用于生活中，仅仅停留在课堂中，或仅仅停留在课本上。因此，现实生活中经常出现某些大学生做出违背社会道德的事情。

4. 教师队伍素质不高且缺乏主体意识

从最近一个时期我国高校思想政治教育教师队伍的现状看，高校中的部分思想政治教育教师对此项工作缺乏应有的正确认识，仅仅将工作视为换取物质财富的手段，没有看到其中教书育人的重要价值所在。正是由于此类的错误观念的存在，导致部分教师在课堂中的表现并不理想。部分教师仅仅讲授书本知识，对于书本知识的来源与内在关联并没有深入分析与讲授。此外还有部分教师将思想政治教育课视为政治任务，并没有从内心深处对思想政治教育课给予高度的重视，因此出现课堂缺乏考勤，课堂纪律松弛的现象。

还有的教师在课堂教学过程中，对应该重点讲授的理论与方法，轻描淡写草草了之，大大降低了思想政治教育工作的效果。由于教师对学生要求较低，学生在课堂中睡觉、玩手机等行为频频出现，已经严重影响了正常的教学秩序。还有部分教师对现代多媒体技术应用水平较低，现实中仍然采用老办法进行讲授，对新的教学方法与设备缺乏学习的积极性与主动性，仅仅对国家政策进行机械肤浅的解读，不能达到政策宣传入心入脑的目的。这都是当前我国高校思想政治教育过程中教师素质不高和主体性较低的重要表现。

（二）当前高校思想政治教育工作存在问题的原因

通过上述问题的归纳分析可知，我国高校思想政治教育工作存在的问题仍然较多，这些问题的产生与存在是有其深层次原因的，不能简单地进行客观归纳，还必须在此基础上进行更为深入的分析与研究，找到产生问题的深层次原因。

1. 教育内容存在知识化、工具化、理想化的固有矛盾

随着我国社会的发展与进步，高校思想政治教育工作的任务也在发生相应的变化，对此项工作的要求也必然相应提升。但反观现实，我们的思想政治教育工作的效果却并不明显，教学内容缺乏科学的分层和设计，此问题产生的原因，主要有以下几个方面。

第一，教育方式重理论说教，轻社会实践。随着党和国家对高校思想政治教育工作的日益重视，高校已经意识到提升此项工作水平的重要性。但是由于高校思想政治教育工作缺乏科学合理的设计，导致其效果并不明显。这当中最为明显和突出的就是高校思想政治教育课程的内容缺乏科学的分层，缺乏应有的针对性。究其原因，则是传统思维的影响过于严重，过于重视理论说教，认为将理论讲授完毕，学生考试合格即为工作的完成，对实践教学采取轻视的态度。

第二，教育方法忽视大学生的主体能动性。思想政治教育工作的政治色彩过于浓厚，在设定教学目标与工作目标时，对大学生社会价值的考量高于对大学生自我价值的考虑，在教育方法上过于重视主体的能动性，而忽视了大学生作为受教育主体的能动性。过于重视由外至内的灌输与说教，忽视了激发由内而外的引导教育。

第三，高校思想政治教育工作目标设定脱离实际。在高校思想政治教育工作开展的过程中，对教育目标与教育手段的选择存在严重的主观主义，缺乏对客观现实的考虑与调查。这是造成高校思想政治教育工作缺乏针对性的重要原因，部分高校领导过于重视表面现象，开设了不分年级不分专业的通识课，但是现实中是否能够为学生提供帮助则被忽略。

2. 教育方式不适应新环境新要求

从我国现阶段高校思想政治教育工作的现状看，此项工作滞后于社会发展速度。传统教学方式只重视考试与作业，不注重学生是否在学习过程中有所收获，也不注重如何创新更多的样式，满足学生的求知欲以吸引学生参与到思想政治教育工作中来。教育方式的落后，直接的后果就是学生积极性无法调动，更严重的后果就是大学生对思想政治教育课程的排斥，严重影响此项工作的有效推进，失去高校这个意识形态主阵地。面对此问题，必须对传统教学方式与

教学模式进行更新与探索，探索在新形势下提升课程吸引力、提升教学的实效性的方法和途径。

3. 教育效果评价反馈机制有待完善

以往的高校思想政治教育工作，信息输出机制较为健全，但是信息反馈机制则严重缺乏，因此，可以将过去的模式概括为“我讲你听”。此种模式过于重视信息的输出但是对于信息的收集与处理则相对缺乏。作为高校思想政治教育工作的重要对象，大学生不仅仅具备接受信息的能力，同时也具备对信息的处理与分析能力，大学生在接收到所传授的信息后，有何反应，有何看法，对此项工作的评价如何，都是影响下一步工作开展的重要因素。因此现实中信息反馈机制的缺乏，必将对此项工作的开展产生重要影响。

高校思想政治教育工作反馈机制的缺乏，体现在两个方面。首先是对前置学生需求信息的收集，高校思想政治教育工作的有效开展，必须充分考虑大学生的学习，需要明白大学生最想学什么，最想了解什么，然后对症下药，安排相关内容，满足学生的求知欲，才能取得良好的效果。在开展高校思想政治教育工作过程中，要及时了解学生对此项工作的态度和看法，观察此项工作开展后，对大学生产生的影响有哪些。其次是终端反馈，目前高校思想政治教育工作的末端反馈，仅仅局限于考试，通过学生考试成绩的高低评估此项工作的成效，但是这仅仅能体现学生课堂学习的效果，并不能真正体现学生在其他思想与行为方面产生的变化。虽然很多高校在不断完善网上评课制度但这也仅仅局限于对思想理论课教师进行评估，并不能有效的对此项工作进行有效评估。

4. 教育队伍建设存在薄弱环节

首先，教育队伍人员复杂，责任意识淡薄。高校思想政治教育工作的队伍来源主要包括以下几个部分：第一，专职高校思想政治教育工作者，如高校的党、团组织学生辅导员，思想政治课教师；第二，兼职的高校思想政治教育工作人员，主要包括大学的班主任，心理健康志愿者，学校的宿舍管理人员，校园网络宣传人员；第三，以大学生为主体的高校思想政治工作参与者，如大学生中的学生会，社团组织等。现实中不同主体间合作较少，缺乏应有的沟通与协作。大家只负责自身工作，缺乏全局意识和合作意识。专题课教师认为他的主要任务是为学生上课，其他的事情则缺乏参与的主动性与积极性，而学校的党组织和团组织则仅仅从自身的工作出发，组织学生开展校园活动，因此各主体间的协调性与统一性严重欠缺。而且很多相关的工作人员认为思想政治教育工作应该由思想政治教师专门负责，和自身并没有太大的关系，因此主体意识缺乏，影响了工作的开展。

其次，教育队伍不稳定，素质参差不齐，数量不足。第一，很多高校缺乏清晰的激励管理制度。由于部分高校内辅导员与班主任多为兼职，且日常其他工作较多，由于辅导员与班主任将精力用于科研与其他行政工作方面，导致在思想政治教育工作方面的投入较低，且部分思想政治教育工作者为兼职或临时聘用人员，其又面临职称评定、编制问题，因此教师流失与更换的频率较高，导致同一工作任务经常由不同的人承担，在交接过程中严重降低了政策的持续性与连贯性。第二，大学生思想政治工作人员数量与学生人数严重失衡。随着我国高校招生规模的不断扩大，原有高校思想政治教育工作队伍人员明显不足，有的高校甚至出现一个辅导员或一个班主任带好几个班的现象，这不仅严重分散了辅导员的注意力，同时也分散了辅导员在每个班级的时间与精力投入，大大降低了工作的效率的同时，也使负责教师的主体意识和主动性大大降低。

二、加强和改进高校思想政治教育工作的对策

（一）更新教育工作观念

在“互联网+”时代下要想做好高校思想政治教育工作，必须对传统的教育观念进行全面变革，特别是对施教者角色定位的重新诠释，以此寻求对教育模式的改变。对此，我国高校大学生思想政治教育工作者必须坚持与时俱进，紧跟潮流，通过不断的学习和认知，带头传播正面信息。

1. 保持开放的心态

无论是在社会生活的各个方面，还是在单纯的教育领域，开放始终都是不容忽视的方面。大学生正处在青春期，霍尔蒙分泌旺盛，特别是又处于“互联网+”时代中，他们对一切新鲜事物的接受、接纳、融入需求较为迫切。而作为高校大学生思想政治教育工作者，极有必要认真审视大学生的心理诉求，以开放的心态对待开放的心态，消除认为是“互联网+”时代的到来所带来了工作难度提高等不必要的偏见。所以，高校思想政治教育工作者可以主动通过各种网络载体和移动终端，如微博、微信等形式，建立属于自己的网络社区，适时开展一些学生感兴趣的讨论活动，敞开心扉与大学生进行交流。

2. 学会使用网络语言

网络语言是随着互联网的发展而产生的，它更多的是网民们对现实社会中突然出现的新鲜事物进行的包装和改编，其实这也是一种心理诉求的折射。大学生因为长时间接触网络媒体和移动终端，对网络语言的使用较为频繁。而高

校大学生思想政治教育工作者想要尽快融入大学生的生活圈，学会与他们共同使用一致的语言模式，说他们的话，跟着他们一起用网络语言进行探讨和交流，以此建立起与大学生之间沟通的桥梁，自然也会被大学生接受，不再像实施传统教育模式时受到抗拒和排斥，其工作的开展成效也会明显提升。所以，高校思想政治教育工作者要随时通过各种网络载体和移动终端，对大学生喜欢的论坛、贴吧、App 应用等进行阅览和使用，这样才能有效地掌握一些最新潮、最热门、最为大学生接受的流行网络语言。只有如此，才能进一步拉近与大学生之间的心理距离，增强与他们在一起时的亲和力。

3. 带头传播正面信息

“互联网 +”时代下，各种信息充斥在网络中，大学生在信息选择时极易产生迷茫。作为高校大学生思想政治教育工作者对此不能置之不理，要合理利用其自身在身心上较为成熟、具有明辨是非的能力等特点，带头传播各种正面信息。特别是要带头对各种负面信息进行甄别，并及时清除负面信息所带来的影响力。同时，高校大学生思想政治教育工作者还要坚持用社会主义主流文化稀释网络的不良文化，借此引领大学生向社会主流价值观靠拢，自觉抵制各种负面信息。所以，思想政治教育工作者可以身先士卒的担任各类微博的“博主”，以及论坛的“版主”，QQ 群和微信群的群主，在其微博、论坛、QQ 和微信群中向大学生宣传先进的、正面的文明理念。同时也可以鼓励大学生接班自己的工作，担任其副手，让他们也能够参与其中，做正面信息的传播者。

（二）改革教育方式方法

在“互联网 +”时代，探索对现行教育方式进行变革，是进一步做好高校思想政治教育工作的必然选择。所以，在进一步加强高校思想政治教育工作的实效性方面，我们可以通过对课堂上的教学、校园网站的宣传、使用各种网络载体和移动终端等教育方式进行改革。

1. 改革课堂教学手段

截止目前，课堂教育仍然是高校开展大学生思想政治教育的主要手段。而大学生正处于人生成长的关键时期，在“互联网 +”时代下若还是继续保持课堂教学传统的讲授式思想政治教育方式，很难保证学生会被这种传统的形式及其内容所吸引，他们的关注度会急剧下降，甚至产生厌学的心理状况。因此，高校思想政治教育工作者必须把握时代潮流，及时更新课堂教学内容，深化教育教学改革，积极引入先进的教学方法，通过各种网络媒体所搭建的平台，以及移动终端、App 等手段，集合而成一批高质量的课件，由此呈现更加具有时效性、科技性的课堂内容，不断增强大学生对此的关注度。

2. 强化校园主题网站建设

在“互联网 +”时代，高校主要依托校园网站开展对大学生的思想政治教育工作，这种成效是比较明显的，也容易进行管控。但是，目前我国高校的校园网站的主题性往往不强，容易被其他版块的内容挤占版面。因此，为了能够充分保证校园网站在高校思想政治教育工作中继续发挥其主体地位作用，就必须对其结构和内容进行优化，特别是对其板块设计的优化，使其尽快适应“互联网 +”时代所衍生出的各种现实需求。在这方面，可以通过聘请专业的互联网企业、教育类企业，利用他们的先进技术及对“互联网 +”时代特征的准确把握，对校园网站进行符合高校及大学生两个层面现实所需的各种程序和版面的设计，真正将校园网站建设成为集宣传性与互动性于一体的大学生思想政治教育主题网站，从而进一步强化对大学生的影响力。

3. 加强对网络载体和移动终端的使用

大学生的日常学习生活，已经广泛使用 QQ、微信、微博、其他 App 应用等各种网络载体和移动终端，通过这些网络载体和移动终端，不断与老师和同学进行沟通和交流，在“互联网 +”时代，探寻高校思想政治教育方式的改变，就必然不可避免地要面对这些网络载体和移动终端如何准确使用的问题。而正因为有效借助这些网络载体和移动终端，可以真正培养起高校思想政治教育工作者与大学生之间良好的感情基础。如高校思想政治教育工作者就可以通过这些网络载体和移动终端，及时地发表自己对大学生学习和生活方面的一些可行性提议，而学生也可以通过这些网络载体和移动终端发表积极的人生态度。这种通过网络载体和移动终端之间的交流和互动，帮助高校思想政治教育工作者和大学生之间建立起良好的朋友关系的方式，更加有利于大学生在德性方面的健康成长。

（三）加强师资队伍建设

开展高校思想政治教育工作，需要高校更加重视师资队伍的建设，因为只有教师积极融入，才能在对大学生实施思想政治教育的过程中更好地发挥引领作用。

1. 提升思想政治教育工作者的业务水平

打造一支高素质的思想政治教育工作队伍是高校有效做好大学生思想政治

教育工作的保证。一是通过组织各类培训班，对高校思想政治教育工作者的网络及计算机基础能力进行培训，特别是计算机应用的能力，确保其与时俱进地永葆思想政治教育工作主力军地位。二是在网络及计算机基础能力得到提高之后，再围绕高校思想政治教育工作面临的新问题，对其教育工作者的思想政治业务水平进行回炉再造，确保高校思想政治教育工作的目标更加具有针对性和实效性，借此开创高校思想政治教育工作的新局面。

2. 提高思想政治教育工作者的网络能力

大学生是高校开展思想政治教育工作的教育主体，而思想政治教育工作者作为教育活动的发动者，在“互联网 +”时代下必须尽快提升自己的网络能力。只有网络能力得到全面提高，才能迅速了解各种网络载体及移动终端，才能合理正确运用各类先进的网络技术，才能正确辨别和清除各种不良网络信息，从而在开展高校思想政治教育工作的时候更好地引导大学生。对此，高校可以通过开展“互联网 +”专题知识讲座，网络载体及移动终端、App 开发应用等的交流活动，以及社会媒体机构与高校的互动交流等诸多形式，进一步增强思想政治教育工作者对“互联网 +”的认识，从而激发其学习的主动性，提高自身的网络能力。

3. 增强思想政治教育工作者的舆情监控意识

大学生思想政治教育工作者由于其特殊身份，极有必要增强在面对网络舆情时的主动性和前瞻性，通过密切关注学生常用的网络载体及移动终端，注重对舆情信息的及时收集和整理。对于网络上的各种不良信息，高校思想政治教育工作者必须在第一时间进行有效防控和处理，并积极引导大学生在面对不良信息时学会进行预防其可能带来的影响，从而指导大学生建立良好的信息消化和吸收能力。同时，高校思想政治教育工作者还要在现有的学生干部中，积极培养一批有强烈政治敏感性、身心健康发展的网络舆情监控员，通过他们本身即为大学生的角色，更加有效和及时地发现身边各类网络媒体平台中充斥的各类不良信息，也能迅速寻找出正在受到不良信息影响的大学生，从而进一步增强高校对网络舆情的控制力。

（四）引导学生配合

1. 提升大学生的“自律”意识

互联网时代，大学生在面临网络上形形色色的诱惑时，由于对自身上网行为的控制力和对网络上消极有害信息的辨别力有限，往往不能合理地加以抵制，这时就需要大学生增强自我管理和自我教育的能力，提升“自律”意识。而所谓强化提升“自律”意识，就是要让大学生明白，在自己的网络行为中坚决不能对色情和暴力信息进行传播，还要对各种低俗、淫秽等信息进行坚决抵制。同时，大学生还要具有有效抵御各种意识形态和和错误思潮侵袭、影响和渗透的能力，坚持以社会主义核心价值体系武装自己，自觉接受网络道德规范对自己的约束，培养自主思考和深入判断的良好习惯，从而强化自我教育和自我管理的能力。

2. 强化大学生的“他律”意识

由于“互联网 +”时代是一个更加包容、开放的时代，对其的管理和约束已经上升到国家层面。所以，在这种情况下，大学生更加有必要强化“他律”意识，从行为上培养对制度和规范的敬畏，确保自己不触犯法律底线。增强大学生的“他律”意识，可以由国家相关部门、社会工作机构与高校三方之间，通过借助技术手段，加强对网络载体及移动终端的有效监管，在源头上消除不良信息滋生和存在的土壤，从而进一步营造良好的校园网络环境。同时，高校自身还要结合本校开展大学生思想政治教育工作的实际，制定相应的校园网络管理规范及制度，以此强化对本校大学生网络行为的教育和管理。

第三节　高校思想政治教育的战略地位与功能

一、高校思想政治教育的战略地位

（一）高校思想政治教育在中国特色社会主义事业中的地位

我国是社会主义国家，社会主义是解决中华民族伟大复兴和人民幸福的必由之路，走中国特色社会主义道路是中国人民的共同选择和必然选择。中国特色社会主义伟大旗帜，是当代中国发展进步的旗帜，是全党全国各族人民团结奋斗的旗帜；解放思想是发展中国特色社会主义的一大法宝；改革开放是发展中国特色社会主义的强大动力；社会和谐、科学发展是发展中国特色社会主义的基本要求。中国特色社会主义事业的建设关键在人，而当代大学生正是社会主义和共产主义伟大事业的接班人。

从根本上说，高校思想政治教育就是要解决培养什么人的问题，解决大学所培养的人为谁服务以及服务态度的问题。我们的大学是社会主义的大学，社会主义大学毫无例外地必须为建设中国特色社会主义事业服务，必须把大学生培养成为中国特色社会主义事业合格的建设者和接班人。而这一切，都依赖于高校思想政治教育的作用，只有通过高校思想政治教育，在大学生当中深入开展思想政治素质教育，引导大学生具有对马克思主义、对中国特色社会主义、对实现中华民族伟大复兴有坚定的信念，具有马克思主义的理论素养、政治素质、道德品质和法律素质。只有这样，我们的民族才有希望，我们的国家才有未来。如果不将高校思想政治教育放在其应有的地位，削弱甚至否定其地位，必然无法实现我国大学的特定育人功能。

（二）高校思想政治教育在大学精神文明建设中的地位

一个社会的建设主要是指物质文明的建设和精神文明的建设；同样，大学的建设也主要是物质文明建设和精神文明建设。大学是培养人才的地方，是继承和创新文化的地方，精神文明建设是大学之本。可以说，我国大学的重要特征就在于它的精神文明建设。高校思想政治教育是大学精神文明建设的重要组成部分。加强高校思想政治教育是大学生精神文明建设的核心内容和根本条件，它既是我国大学精神文明建设中的一个重要目标，又是坚持社会主义办学方向，培养合格人才的一项政治保证。高校思想政治教育能促进大学校园文化建设和大学生思想道德建设，它不仅是大学生思想道德建设的基本途径，也是大学校园文化建设的必要条件和强大动力。

1. 思想道德建设

大学精神文明建设的一个基本方面是思想道德的建设，它体现着中国特色社会主义精神文明建设的性质和方向，对社会和大学本身的发展都具有巨大的能动作用。因此，要搞好大学的精神文明建设就必须搞好大学生的思想道德建设，为此，也就必须做好大学生的思想政治教育工作。大学生思想道德建设的中心环节是高校思想政治教育工作，其核心是对大学生不断地进行思想政治教育，使大学生的思想政治素质能适应中国特色社会主义建设事业发展的需要。大学生的思想道德教育的基本任务是：引导大学生树立正确的世界观、人生观、价值观，特别是树立社会主义的核心价值观；做好对大学生的爱国主义、集体主义、社会主义、社会公德、职业道德、家庭美德教育。

2. 文化建设

文化建设也是大学精神文明建设的基本内容之一。大学文化建设的核心问题是培养能够适应中国特色社会主义建设要求的“四有新人”。大学文化，是一所大学的重要特征，更是凝聚并激励全校师生员工的重要力量，也是大学生存能力与发展能力的重要标志和体现。大学文化生产的是大学的精神产品，包括学术成果的生产和人的素质（包括思想政治素质、科学文化素质、心理素质、能力素质等）的生产。大学文化主要代表的是大学精神生产力，其主要功能是塑造人，因此它是一种特殊的精神生产力。我国大学文化的这一特点决定了大学文化建设在我国整个社会文化建设中的特殊地位和在大学整体建设中的中心地位。

应该注意，大学生思想道德建设和文化建设是相辅相成的，大学校园文化建设自身是难以决定其方向和性质的，只有加强了包括大学生思想道德建设在内的大学精神文明建设，才能决定大学校园文化建设的性质和方向，进而推动整个大学精神文明建设的发展。此外，和谐的人际关系和良好的校风也是大学生精神文明建设的重要组成部分。持续加强高校思想政治教育，是建立和维护和谐人际关系，形成、保持并发展良好校风的根本途径。

（三）高校思想政治教育在培养和造就社会主义接班人中的地位

1. 高校思想政治教育能培养塑造社会主义一代新人

毛泽东曾经指出，思想工作和政治工作，是完成经济工作和技术工作的保证，它们是为经济基础服务的。唯物辩证法认为，经济与政治是对立统一的关系，经济决定政治，政治是经济的集中表现。同时，政治为经济服务并对经济又有能动的反作用，政治保证经济的发展方向，保证经济的正常运行。

思想政治教育作为上层建筑，它是为现代化建设服务的，是实现我国现代化的根本政治保证，也是提高经济效益的重要保证。思想政治教育能够充分调动人民群众的积极性，使我国全面建设小康社会的目标早日实现。毫无疑问，大学生是建设我国社会主义现代化的重要力量。而大学生人才并不是天生的，而是经过后天培养的。

社会主义和共产主义一代新人，首先必须具备共产主义世界观、革命的人生观以及正确的价值观和道德观。而这些正确观点的确立并不是自发地形成的，而要经过长期的思想政治教育才能实现。通过思想政治教育长期的、慢慢的灌输，潜移默化地影响大学生、改造大学生，并通过大学生的内因作用，逐渐形成共产主义世界观、革命的人生观和正确的价值观、道德观。

无论是在我国民主革命时期，还是在社会主义建设时期，我们党通过马克思列宁主义和毛泽东思想哺育了一大批伟大的共产主义者和党的先进人物，他们为我们党和国家谱写了伟大而又光辉灿烂的篇章。

事实证明，思想政治教育能够不断为我们培养和造就出共产主义一代新人，我们应该加强思想政治教育，继续培养和造就社会主义伟大事业的建设者和接班人。

2. 思想政治教育能培养全面发展的一代新人

未来共产主义社会要求的人才，即社会主义和共产主义伟大事业的建设者和接班人，必须是全面发展的共产主义一代新人。

唯物史观认为，人的全面发展的历史演进经历三个阶段：人的依赖性社会的阶段、物的依赖性社会的阶段、个人全面发展的社会阶段。人的依赖性社会的阶段，即原始社会、奴隶社会和封建社会，这时人的发展是极为片面的、狭隘的；物的依赖性社会的阶段，即资本主义社会中，这时人的发展仍然是片面的、畸形的；个人全面发展的社会阶段，即共产主义社会，人的真正的全面发展阶段。

人的全面发展是教育学的范畴，也是马克思主义科学理论体系的重要内容，是科学共产主义的理想目标。马克思认为，人的全面发展是指作为目的本身的人类能力的发展。其中，人类的能力包括认识世界和改造世界的能力，人的全面发展应该是这两种能力高度的全面的发展。要成为全面发展的人，思想政治教育工作在其中起着重要的作用，没有思想政治教育，人不可能自然而然地成为全面发展的人。而高校思想政治教育正是全面提高大学生各种素质培养大学生成为全面发展的人才的重要阵地。

二、新时期高校思想政治教育的功能

弄清思想政治教育的功能，既能加深对思想政治教育本质的把握，又能进一步发挥思想政治教育的社会作用，实现思想政治教育的战略地位。高校思想政治教育的功能是高校思想政治教育本质和规律的集中表现。认识高校思想政治教育的功能，目的在于自觉地发挥其功能，也有利于更进一步把握高校思想政治教育的本质和规律。

（一）导向功能

导向功能，或称导航功能，是高校思想政治教育的基本功能，它是由思想政治教育的方向性和目的性决定的。思想政治教育是一定社会阶级和社会集团为了实现自己的经济利益和政治统治而对人们施加意识形态方面影响的社会活动，这就决定了思想政治教育总是带有方向性和目的性。高校思想政治教育的导向功能，是指运用各种方式，诸如教育、动员、启发、监督、批评等，将大学生的思想和行为引导到符合社会发展要求的正确方向上来。

在建设中国特色社会主义事业的过程中，充分发挥高校思想政治教育的导向功能具有重要的意义。高校思想政治教育的导向功能主要体现在以下几个方面。

1. 对高校思想政治教育的价值导向

这里所说的价值主要是指高校思想政治教育的内容作用于大学生所产生的作用和意义。

对大学生价值导向的主要依据和主要内容是社会意识形态。社会意识形态的内容是多方面的，如政治意识形态、法律意识形态、道德意识形态等。

（1）高校思想政治教育的价值导向的主要内容是社会主义核心价值体系

社会主义核心价值体系的基本内容包括坚持马克思主义指导思想，确立中国特色社会主义共同理想，弘扬以爱国主义为核心的民族精神和以改革创新为核心的时代精神，树立社会主义荣辱观等四个方面。马克思主义是我们立党立国的根本指导思想，它为我们提供了正确的世界观和方法论，提供了正确认识世界和改造世界的强大思想武器。中国特色社会主义共同理想是中华民族奋力前行的向导。它把国家、民族与大学生个人紧紧地联系在一起，也有利于调动大学生的积极性并共同为之奋斗；以爱国主义为核心的团结统一、爱好和平、勤劳勇敢、自强不息的民族精神和以改革创新为核心的解放思想、实事求是、与时俱进、勇于创新、知难而进、一往无前、艰苦奋斗、淡泊名利、务求实效、无私奉献的时代精神，是中华民族赖以生存和发展的精神支撑；以“八荣八耻”为主要内容的社会主义荣辱观，则明确了当代大学生最基本的价值取向和行为准则。当代大学生只有自觉学习和践行社会主义核心价值体系，才能健康地成长为有理想、有道德、有文化、有纪律的社会主义“四有”新人。

（2）高校思想政治教育的价值导向还体现在对大学生理想信念的导航作用方面

每个人都憧憬和追求自己的理想，每个人也都有自己的信念。从性质上来看，理想有崇高的理想，也有庸俗的卑劣的理想；同样，信念有科学信念，也有非科学信念。崇高的理想能鼓舞人们的斗志，激励人们对生活的信心和勇气，从而成就人们的事业，为人类做出贡献。而科学的理念能经得起实践的检验，并且能够有力地指导实践。

不同的思想政治教育能使人形成不同性质的理想和信念。正确的思想政治教育，能够帮助人们树立崇高的理想，确立科学的信念。大学生作为社会主义现代化事业的建设者和接班人，理应树立崇高的理想，确立科学的信念。为此，思想政治教育对大学生的理想和信念起着方向性的指导作用，即起着导航的作用。用马克思主义科学的理论教育大学生，可以帮助他们树立实现我国社会主义现代化的共同理想，树立为实现共产主义而奋斗的崇高理想，确立社会主义和共产主义信念。

大学生进行思想政治教育的价值导向，是通过一系列的途径去体现或实现的。其中主要的途径或方式包括理论研究和教育、舆论宣传以及日常的高校思想政治教育工作等。此外还应注意，在高校思想政治教育的价值导向中，必须处理好教育者的价值导向与受教育者的价值取向有机统一的问题。一方面，高校思想政治教育的价值导向是一元的，这是由社会主义社会意识形态的性质所决定的。另一方面，由于我们处于一个多元化的社会，思想影响源的广泛性以及信息传播途径的多样性，以及大学生自身对外部信息选择和接受的主观性，这些都可能影响到大学生的价值取向，使得大学生的价值取向呈现出多元的特征。在这种情况下，如果思想政治教育价值导向的要求不为大学生所接受，那么就会出现教育资源遭到浪费、价值导向的社会成本增加的问题。因此，高校思想政治教育的价值导向必须妥善解决教育者的价值导向与受教育者的价值取向有机统一的问题。

2. 高校思想政治教育的目标导向

高校思想政治教育的目标导向，其含义包括三个方面。首先，高校思想政治教育必须紧紧围绕党的中心任务，积极宣传、解释党和国家在某一历史时期或某一社会发展阶段的纲领、路线、方针和政策，促使大学生对其理解与认同，并将这种理解与认同转化为社会的合力，从而产生良好的导向效果。二是高校思想政治教育要按照党和国家的奋斗目标，从大学生的思想实际出发，明确自己的工作要求。具体来说，既要就党的奋斗目标以及在不同历史时期的中心任务对大学生进行目标导向，又要就本校的发展目标对大学生进行目标导向。三是就大学生德育培养的目标对大学生进行目标导向。

高校思想政治教育目标导向应当讲究有效性。要正确处理好两种关系。

（1）注重目标成功的概率

高校思想政治教育目标导向的有效性在于它所宣传的目标经过大学生的努力能够实现。如果目标实现的可能性较大，它就会激励大学生为之奋斗。反之，它对大学生的吸引力就会变小。

（2）注意将社会目标和大学生利益相结合

高校思想政治教育目标导向是一个通过目标导向改变大学生思想和行为的

过程，但其中也存在着一个大学生能否顺应这种思想与行为改变的问题。事实上，要想取得目标导向的有效性，关键就在于这个目标本身是否具有吸引力和感召力，是否代表了广大大学生的根本利益和长远利益。如果大学生没有认识到这一点或认识不到位，大学生可能就会出现负面的思想情绪，产生“不顺应”结果。相反，如果高校思想政治教育的目标导向能充分尊重大学生对利益合理的、自发的、主动的追求，并注意将其转化为自觉性，那么目标导向就不仅是高校思想政治教育的自发行为，而且是大学生的自觉行为。这就使得高校思想政治教育目标的实现与大学生利益的满足成为同一过程，使得导向过程中对大学生思想和行为的“改变”与大学生的“顺应”成为统一。

3. 高校思想政治教育的行为导向

行为是指受人们思想支配而表现在外的活动，即人们的行动、动作或作为。人们的行为是极其复杂的，在人的复杂行为中，既有正确的行为，也有不正确的行为，还有无所谓正确与不正确的生理等行为。而人的行为是受思想支配的，行为是思想的反映，思想是行为的先导。由于人的思想也有正确思想和错误思想之分，因此不同的思想会导致不同行为的产生。另外人的思想不是天生的，而是思想政治教育的结果。不同的思想政治教育会形成不同的思想，不同的思想又导致不同的行为。由此可见，思想政治教育对人们的行为最终起着导向的作用。

由于人类实践经验的积淀，形成了人们的行为规范，诸如政治、经济、道德、法律等行为规范。人们的行为规范是千差万别的，既有正确的、先进的，也有错误的、落后的。对于那些正确的、先进的行为规范，通过思想政治教育的作用在于把它们传播、灌输给人们，使人们内化为自己必须遵循的思想信念，并逐渐转化为他们的行为，从而确保人们的行为沿着正确的方向前进。

对高校思想政治教育的行为导向而言，它是指通过树立先进榜样的事迹来引导大学生，使得他们沿着正确的航向成长进步。榜样既可以是个体性的，也可以是群体性的；既可以是历史上的，也可以是现实生活中的；既可以是大学生的，也可以是非大学生的。榜样的力量是无穷的，具有极大的感染力和说服力。因此，他们能够为大学生提供可以仿效的行为，能对大学生施加很好的人格影响。

高校思想政治教育中的行为导向，主要以革命领袖和革命先烈，各行各业的英雄模范人物以及大学生中的先进人物、好人好事等作为榜样来进行行为导向。高校思想政治教育的行为导向，可分为三类，即人格导向、行为方式导向和行为导向。

（1）人格导向

人格导向是指榜样的人格魅力本身所具有的吸引力以及它对大学生的感召力。人格导向之所以能对大学生施加影响，是因为大学生可以通过学习榜样并将榜样的人格精神内化为个人的思想意识和行为动机。人格导向可以对大学生的思想和行为产生长期、持久的影响，从而转化为大学生个体的人格因素。

（2）行为方式导向

行为方式有正确与错误之分，适当与不适当之分。正确的行为方式是一系列整合好了的行为，但它们并不是单个的、孤立的行为，而是一种习惯性行为。正确的行为方式是一个人良好个性品质的外在表现。行为方式导向则是指能引导大学生个体仿效的行为方式。

社会生活中，大学生在面对复杂的外部环境时，会产生不同的行为反应，其中有些反应是正确的或适当的，有些则是错误的或不适当的。此时，行为方式导向便开始发生作用了。当那些受到社会褒扬的、对大学生能施加积极影响的正确行为方式发生后，这样的行为方式就能够成为大学生学习的榜样，从而成为正确导向的重要内容

（3）行为导向

行为导向是行为方式导向的基础。高校思想政治教育的行为导向，是指能引导大学生产生某个良好行为的行为，如不讲粗话脏话、拾金不昧等。培养大学生从点滴小事做起，对大学生产生良好的行为习惯是十分重要的。大学生只有反复地、经常地实践某种正确行为，这种行为才可能成为大学生个体的正确行为方式的一部分，并成为大学生的一种良好行为习惯。而在良好行为习惯的基础上，大学生才会形成良好的品德，而良好的品德又是大学生具有高尚人格的重要体现。

一个人做一件或两件好事并不难，难的是一辈子做好事。个别的良好行为也许只是一个人一时的兴趣或激情的冲动，只有长久地坚持做好事，才是优良品德的表现。当代大学生应该充分意识到这一点，不能仅仅满足于产生个别的良好行为，而是应将这种良好行为提升为自己的行为方式，如此才能形成自身的良好品德。

需要特别注意的是，对榜样的宣传一定要实事求是，防止和克服“高、大、全”的现象，反对任意拔高榜样。同时，对榜样宣传要注意适应范围，反对不从实际情况出发的生搬硬套。

（二）保障功能

保障，在这里也可称为保证，原意是指起决定作用或作为担保的事物，目的是保护、保卫生命、财产以及权利等不受侵犯和破坏。高校思想政治教育中的保证或保障功能是思想政治教育能动性的重要表现，也是思想政治教育一定要适应社会经济关系发展规律的要求和体现高校思想政治教育的保障功能对高校思想政治教育具有长远的指导意义，主要表现在以下几个方面。

1. 经济利益的保障

这是首要也是最根本的保障，因为任何一种思想政治教育最终都是为了本阶级和本集团的经济利益服务的，它确保本阶级的经济利益得到实现。这也是思想政治教育的最终目的。

2. 政治统治的保障

这里主要是指党的路线、方针、政策得以在大学生中的贯彻落实。党的路线、方针、政策在大学生中的贯彻落实，是指党的路线、方针、政策要为大学生所知晓、所理解、所坚持、所拥护。任何统治阶级的思想政治教育都是为本阶级的政治统治服务的。通过使人们在政治方向、政治立场、政治观点和政治原则上达成共识和统一，确保本阶级的政治统治。高校思想政治教育在政治统治方面的保障主要是通过三个具体途径实现的。一是通过高校思想政治理论课教育，二是通过日常思想政治教育工作，如通过宣讲会、报告会、政治学习等形式宣传党的路线方针、政策。三是通过各种信息传播媒介如学校广播、校报、网络等宣传党的路线、方针、政策。

3. 促使大学生自觉遵守学校规章制度的保障

俗话说，无规矩不成方圆。为了保证大学正常的秩序，保证大学生顺利完成学业，大学建立并完善了各项规章制度。学校规章制度既是对大学生权利的保障，也是对大学生的一种外在约束。而只有当大学生正确认识到这种外在约束的价值和意义之后，才会自觉地去遵守这些制度。要使大学生从内心自觉认同并遵守学校的规章制度，必须通过思想政治教育来实现。一方面，通过思想政治教育可以使大学生认识到学校规章制度的价值，另一方面通过对违反规章制度的学生加以处分，可以对违反者起到疏导的作用

4. 社会管理的保障

社会要想得到和谐发展，就必须对社会进行管理，对社会所有成员的社会行为进行组织引导、指挥和控制，这是保障社会协调发展的前提条件。而在对

社会的管理中，思想政治教育是必须的，这不仅是因为大学生是社会上的一个重要群体，更在于大学生是社会主义现代化建设的接班人。通过对大学生进行思想政治教育，既可以保障大学生自身自觉地遵守社会规范，还可以培养大学生成为合格和优秀的社会管理者，保证社会秩序稳定和谐发展，最终达到社会管理的目标。通过思想政治教育进行说服、启发引导人们自觉遵守社会规范，使社会秩序稳定和谐发展，最终达到社会管理的目标。

5. 培养大学生成为“四有”新人的保障

培育大学生成为有理想、有道德、有文化、有纪律的社会主义新人，使大学生具备中国特色社会主义建设事业所需要的思想政治素质和科学文化素质，这是高校的根本任务所在。而要完成这一根本任务，主要是靠高校思想政治教育完成。离开了强有力的高校思想政治教育，就不可能培育出“四有”新人。此外，要培养大学生成为“四有”新人，就必须教育帮助大学生提高辨别是非和抵抗侵蚀的能力。只有加强高校思想政治教育，才能为大学生提高辨别能力，增强抵制各种腐朽、错误、落后思想的侵蚀，克服不正确的思想提供保证。

总之，在改革开放和推行社会主义市场经济的今天，思想政治教育是社会主义革命和建设的根本保障，它确保经济建设的社会主义的方向，确保党和国家正确的方针、政策和路线的切实贯彻和执行，也能确保社会主义精神文明建设的顺利进行。而这一切的最终目的是确保我国社会主义现代化早日实现和小康社会的早日建成。

（三）育人功能

《高等教育法》第三十一条规定：“高等学校应当以培养人才为中心。”大学之本，在于育人。而思想政治教育也是以人为对象的，是以塑造和培养人的思想政治品德为任务的。因此，高校思想政治教育的根本在于育人，育人功能是高校思想政治教育最重要的功能，也是首要的、基本的功能。高校思想政治教育的育人功能是通过对大学生进行教育，提高大学生的思想政治素质实现的。

1. 高校思想政治教育帮助大学生确立一定的世界观、人生观和价值观

我们知道，人的世界观、人生观、价值观并不是自发形成的，而是通过思想政治教育在实践中逐步形成的。唯物辩证法认为，世界观、人生观和价值观是处在不断运动变化之中，可以通过思想政治教育改变。错误的思想能蛊惑人们形成错误的世界观、人生观和价值观，最终害人害己。高校思想政治教育在

帮助大学生树立马克思主义的科学世界观，从而确立正确的世界观、人生观和价值观方面起着重要的先锋指导作用。

2. 高校思想政治教育帮助大学生培养良好的道德素质

良好的道德素质是大学生自我发展和自我完善的需要，是大学生适应社会并成长为社会合格公民的基本要求和基本条件，是大学生成为社会主义事业人才的动力。可以说，良好的道德素质是大学生的立身之本。道德素质是指大学生根据我国社会的道德准则和规范进行修养，在处理与他人和社会的关系中所表现出来的稳定的个性品质，是大学生道德意识和道德行为的统一。通过高校思想政治教育的育人功能，可以培养出大学生良好的道德素质。

3. 高校思想政治教育帮助大学生培养良好的思想素质

大学生的思想素质主要包括世界观、人生观和价值观等方面的内容，具体来说，主要是指辩证唯物主义和历史唯物主义的基本观点、集体意识、爱国意识、民主意识、道德意识、平等意识、服务意识、竞争意识等。良好的思想素质是大学生成为中国特色社会主义建设者和接班人的灵魂和基础。通过育人功能可以帮助大学生培养良好的思想素质，从而成为社会主义伟大事业的合格接班人。

4. 高校思想政治教育帮助大学生培养良好的法纪素质

法纪即法律和纪律。对大学生进行法纪教育是大学生法纪素质养成不可或缺的基本外在因素。大学生法纪素质涉及大学生的法纪信仰、法纪意识、法纪知识、法纪情感、法纪认同、法纪行为等各个方面。

此外，高校思想政治教育的育人功能还体现在帮助大学生培养科学的思维方式、良好的心理素质和审美素质，以及促进大学生智能的开发和学业的完成等方面。

（四）凝聚功能

思想政治教育教育中的凝聚，是指通过思想政治教育，把从表面上分散的、千差万别的大学生个体凝聚成为一个有机的整体。凝聚的目的是把大学生团结起来，从而实现高校思想政治教育的目的。高校思想政治教育的凝聚过程，是凝聚力产生以及这种力的持续运行的过程。这种力的产生和运行，是多种因素相互作用的结果。高校思想政治教育的凝聚力既包含动态要素，也包含静态要素。其中，静态构成要素主要有马克思主义理论、共同理想、爱国主义、中国共产党的正确领导、纪律等方面。当这些要素与高校思想政治教育的实践进行有机结合时，这些静态要素就会转化为凝聚大学生的动态要素。

高校思想政治教育中的凝聚功能主要是通过以下几种方式实现的。

1. 通过马克思主义理论教育凝聚

马克思主义特别是中国化了的马克思主义，是中国特色社会主义的理论基础和行动指南。马克思主义能够浇灌大学生的心灵，使大学生首先在理论上成为社会主义合格的建设者和接班人。因此，要把中国特色社会主义伟大事业推向前进，就必须加强对大学生的马克思主义理论教育。用马克思主义理论武装大学生，除了在于它能够塑造大学生的思想灵魂，增强大学生对建设有中国特色社会主义的历史责任感、紧迫感，更重要的是，它能将大学生紧密团结在一起，凝聚大学生的人心，使得大学生群体能够自觉团结奋斗，为取得中国特色社会主义建设的不断的新的胜利而努力。

2. 通过爱国主义教育凝聚

在高校思想政治教育中，爱国主义教育是一个永恒的主题。其中重要的原因就是爱国主义教育本身具有巨大的凝聚力和向心力。对大学生进行深入的爱国主义教育，可以提高大学生的民族自豪感、自尊心和自信心，培养大学生的爱国热情，增强大学生的凝聚力。对大学生进行爱国主义教育时，要注意引导大学生自觉将个人的利益、前途与命运同祖国的命运结合起来，把爱国主义体现在自己的具体学习与工作中，落实到日常的行动上，真正做到有爱国之情，行爱国之实。

3. 通过中国共产党的正确领导凝聚

中国共产党是中国工人阶级的先锋队，同时是中国人民和中华民族的先锋队，是中国特色社会主义事业的领导核心，代表中国先进生产力的发展要求，代表中国先进文化的前进方向，代表中国最广大人民的根本利益。中国共产党对大学生产生凝聚力，是依靠其正确的路线、方针和政策，依靠对国家政治、经济活动以及其他方面社会生活的正确组织领导，依靠党组织的战斗堡垒作用和党员的先锋模范作用的发挥以及依靠强有力的思想政治教育工作来实现的。

4. 通过共同理想教育凝聚

邓小平曾经指出：“我们这么大一个国家，怎样才能团结起来、组织起来呢？一靠理想，二靠纪律。”现阶段我国各族人民的共同理想，就是建设有中国特色的社会主义，实现中华民族的伟大复兴。这一共同理想反映了我国社会发展的客观规律，符合我国亿万人民的意志和愿望。

新形势下，高校思想政治教育一刻也不能放松对大学生的共同理想教育，要把共同理想渗透和融化到大学生的头脑中去，使之成为大学生的精神支柱。只有这样，大学生才能够在目标一致、利益一致的基础上，共同自觉地为建设中国特色社会主义和振兴中华而努力学习和工作。要按照共同理想的要求，从实际出发，教育大学生将自己的日常学习、生活同高层次的价值目标自觉联系起来，建立起与社会的认同关系，获得荣誉感和归属感，要对集体、对社会具有强烈的使命感和责任感，牢固树立以集体和社会为中心的集体意识。这时，共同理想便在大学生当中产生了强大的凝聚力和粘合力，使大学生超脱低层次的狭隘眼界，获得精神动力，团结一致为共同理想而努力奋斗。

5. 通过纪律教育凝聚

纪律是在一定社会条件下形成的、一种集体成员必须遵守的规章和条例的总和。它是要求人们在集体生活中遵守秩序、执行命令和履行职责的一种行为规则。大学生的纪律是大学生在校学习、生活和工作（这里主要指学生干部工作等）的行为准则。

大学生纪律有以下三种基本功能。

（1）外在的约束功能

大学纪律明确告诉大学生哪些行为是必须做的，而哪些行为是不能做的，从而对大学生的行为产生外在的约束。

（2）内在的约束功能

当大学生知道了纪律的规定之后但并不认同或不自觉遵守时，这种纪律还只是一种外在的约束。如果通过教育的启发使大学生懂得了遵守这些纪律的意义，这种纪律便成为大学生自觉的内在约束。

（3）明确的导向功能

这种导向包括价值导向和行为导向。价值导向是指通过纪律的教育使大学生认识到纪律的价值意义。行为导向是指通过纪律教育和执行纪律，明确告诉大学生必须为或不能为的行为，必须为的行为会得到积极的、肯定的评价，不应为的行为会得到否定的评价，甚至会受到纪律处分；对大学生的违纪行为进行惩罚，使违纪学生受到违纪教育，并预防有违纪意图的学生可能违纪。由此可见，大学生纪律作为大学生的一种行为准则，是通过对大学生产生内外两种约束力而对大学生产生凝聚力的，纪律的凝聚应当把这两种约束力有机地结合起来。

第二章　高校思想政治教育工作机制的创新

教育机制体制是高校思想政治教育工作与管理的重要内容，只有形成了完善的思想政治教育机制体制，才能实现大学生思想政治教育系统的运行和管理，提高高校思想政治教育工作的效率，保证大学生思想政治教育有效落实。

第一节　新时期高校思想政治教育机制的概述

高校思想政治教育机制创新的基础是对思想政治教育机制概念的科学界定，因此，我们必须首先辨析相关概念，明确高校思想政治教育机制的定义、要素和特征。

一、高校思想政治教育机制的基本内涵

（一）高校思想政治教育机制的基本内涵

“机制”最早来自希腊文。原意是指机器的构造和工作的原理，是指机器工作运转过程中的各个零部件之间的相互联系、相互制约及其运转的方式。现在“机制”一词已被广泛使用在自然科学和人文社会科学研究的学术领域。“机制”在一般意义上，是指复杂系统整合之间的相互制约的各个组成部分的结构，连接方式的相互作用，并通过它们之间的总体目标而有序的完成，实现其基本功能的基本方式。可以说“机制”是社会系统运行的各构成要素之间相互联系、相互作用的手段、方式及原理。而本书中的机制，是指在我国现行教育体制下，思想政治教育体系内，相互作用，相互制约的各种要素连接方式体系、管理制度和工作方式等。关于对思想政治教育机制科学界定，许多学者们从不同的角度对教育机制进行了阐述。管理方式说，是根据某一目标的指导，以一定的驱动力，在某些机构的联合协调下，实现思想政治教育工作程序和工作方法的整

体优化。制度论，其系统需要一个可行、稳定、规范、可遵循的规则和条例来解决思想政治工作中谁做什么，怎么做，做得怎么样。固有结构理论说，是指思想政治教育机制各组成元素的总和，是有关职能耦合，是有规律的运行的动态过程的某种方式。以上学说，至今尚未形成一个完全普遍接受的定义。

梳理各种不同的观点，辨明其共性与个性，以便科学地把握思想政治教育机制的内涵。笔者认为思想政治教育机制是思想政治教育在形成和实施的过程中，由于某种需要而形成的联系和运作方式。在思想政治教育过程中，如果要实现思想政治教育的整体功能和模式，首先应该知晓其运作的基本原则和运行之间的状态，还有思想政治教育系统的各个部分和其他系统之间的交互操作和其他互动程序的原则。可以从以下三个方面概括思想政治教育机制的涵义：一是思想政治教育是构成其所有相关因素的总和；二是耦合功能，功能的发挥不仅取决于各要素之间的相互作用衔接，协调运转，而且取决于各种因素的改善；三是按一定的方式运行一个动态的过程规律。

（二）高校思想政治教育机制构成要素

通过对思想政治教育机制涵义的深刻认识，高校思想政治教育机制构成要素主要包括：实体性要素与衍生性要素。

第一，实体性要素。主要包括教育主体、接受主体、社会环境，教育主体主要是指担负高校思想政治教育任务的组织和个人，接受主体主要是指在校大学生，而社会环境，又分为宏观环境和微观环境。宏观环境是指社会现状，社会政治和经济，社会心理和社会媒体，社会风俗和社会道德等。微观环境主要是指对接受主体直接产生影响的环境，如校园文化等环境。教育主体，接受主体和社会环境是必不可少的，这三个方面又是相对独立、相互影响、相互制约的。思想政治教育功能和效果也是通过这三个基本要素的相互作用下得以实现的。然而，在思想政治教育的职能和效果的实现过程中这三个要素的作用又各不相同。思想政治教育的本质和发展趋势主要是由思想政治教育主体决定的，思想政治教育双主体影响着高校思想政治教育的全过程，思想政治教育的主体决定了思想政治教育的指导思想、内容和方法，并且保证了思想政治教育的先进性和可操作性。但接受主体有时也是被动的，受教育主体和环境的制约，而环境也是人类的社会环境，直接受人类的影响，所以思想政治教育过程中最重要的还是人的因素，二者直接影响教育者对高校的思想政治教育决策和管理，是动态反应中的功能和效率形式的思想政治教育。

第二，衍生性要素，主要是指思想政治教育的指导方针和原则，内容和方法以及领导干部的管理工作。例如，思想政治教育运行的力量，是促进思想政治教育自身健康发展的推动力；高校思想政治教育，能实现机制整体运行的目的，取决于不可缺少的基础保证，运行控制的好坏，高校思想政治教育的方式是以服务为经营宗旨的教育，是高校思想政治教育目的完成的有效途径，是最佳的营运模式；思想政治教育方案的运作是提高思想政治教育质量成效的一个重要保证；为了实现高校思想政治教育的效果，设有专门的工作机构及工作人员、有效地规章制度、资金和设备等等。

以上要素构成了思想政治教育机制的有机整体，在思想政治教育机制运行中这些所有的元素都是必不可少的，它们相互作用，相互影响。各种元素的地位，以及各要素之间的关系，决定了思想政治教育机制的整体效果。

二、高校思想政治教育机制的基本特征

特征是事物所具有的特殊或特出之处，要对高校思想政治教育机制进行和创新研究，必须从机制本身的特点着手。高校思想政治教育机制基本特征有以下几点。

（一）时代性

思想政治教育系统本身能够主动地不断地进行自我约束，自我调整，自我完善。因此，创新思想政治教育机制是客观情况变化的需要，是人们深化思想认识过程变化的需要，必须经历一个曲折发展过程，这样才能适应新时代需要，为了创新思想政治教育机制，首先，我们必须掌握包含科技含量的思想政治教育的方法；其次，借鉴管理学领域的现代管理理论和科学的经营管理方法，并且大力引进先进的科学技术和教学设备，以适应社会主义市场经济体制的发展，充分发挥教育主体的主观能动性和创造性。

（二）目标性

作为高校思想政治教育机制的目标，不仅确定了高校思想政治教育的发展方向，还充分确定了高校思想政治教育机制操作模式，实现思想政治教育的机制最优化。我们的目标是不仅确定了思想政治教育工作方向，而且为思想政治教育提供了预期的效果。因此，要建立思想政治教育机制必须进行根本目标的一致性思想政治教育，有了明确的目标，确立的思想政治教育机制才能达到预期的效果，才是行之有效的。

（三）整合性

高校思想政治教育机制是一个非常复杂的系统，无论其在系统内或外部环

节的工作，都必须是协调一致的，这样的思想政治教育过程才是一个良好的运行状态，才能实现预期目标。高校思想政治教育机制的整合功能，能够协调的各个部分是相互关联，相辅相成，形成一个巨大的凝聚力，实现整体功能大于部分之和的功能的综合效应。同时，整合性也体现在构成思想政治教育各元素之间的相互制约作用和所扮演的角色之间的平衡作用。在创新机制的过程中，我们一定要运用各种方式、手段和相互制约的各种因素，综合运用各种方法，形成整体力量，以取得更好的教育效果。

（四）全员性

思想政治教育包括了多个子系统，如思想政治教育教师的教育，高校领导干部对教师的思想政治教育工作，政工队伍对学生的教育等。因此，高校思想政治教育机制是一个全员性的、多维的庞大的系统。建立机制的过程中必须把教师、领导干部、辅导员、辅助人员等众多因素全部纳入进来，形成一个全员参与的整体。然而，在思想政治教育过程中，我们必须协调好双主体之间的关系，真正做到个人和家庭之间的互动、个人与学校之间的互动、个人与社会之间的互动，从而实现提高学生成绩，管理好学生，为学生提供优质服务的目标。

（五）渗透性

高校思想政治教育机制的渗透性主要体现在它的各个方面和运行过程可以使思想政治教育内容渗透给接受主体，起到春风化雨润无声的教育作用。马克思曾指出：就个别人来说，他的行动的一切活力，都一定要通过他的头脑，一定要转变为他的愿望和动机，才能使他行动起来。因此，学生的内在需要和现实状况是思想政治教育机制现实基础，可以防止过分夸大了个人意识的作用的现实，使思想政治教育的过程和环节的渗透机制的内容，避免简单生硬，虚伪的现象出现。

（六）实践性

思想政治教育机制的实践性，主要反映了思想政治教育机制的目标、要求和措施，应以现实和可行的有针对性的切实可行的操作性。随着高校大学生的实际情况变化而变化，把注意力集中到学生关注的热点和难点上，力争把学生的思想问题与解决学生的实际问题相结合，既讲道理又办实事，这样可以做到以理服人、以情感人，从而提高高校思想政治教育的实际效果。

第二节　新时期高校思想政治教育工作机制的创新

一、加强大学生思想政治教育的保障机制

要建设完善的高校思想政治教育工作的机制体制，必须在物质、组织、人力等方面建立相应的保障制度，保证大学生思想政治教育活动能够有效地开展，为大学生思想政治教育的发展提供物质、组织、人力等方面的支持。

（一）物质保障

大学生思想政治教育工作的物质保障，是指实施教育所必需的物质条件，具体包括基本建设、经费投入和活动基地建设等。

1. 基本建设

（1）开展大学生思想政治教育工作，需要固定的办公场所。学生工作中新增加的心理辅导职能、就业指导职能等需要有专门的办公场所。

（2）开展大学生思想政治教育，需要准备多样化的办公用品。在新形势下大学生思想政治教育形式越来越丰富，既有传统的讲座报告，也有各种各样的社会实践活动和社团活动。因此，除了必要的办公场所及办公所需的计算机、打印机外，还应配备照相机、摄像机等音像器材设备，以增强教育活动的趣味性和实效性，同时便于资料的存档备查。

（3）开展大学生思想政治教育，需要合适的教育活动场地。大学生思想政治教育是与各种各样的活动结合在一起的，既需要各种规模的会议室、报告厅用来举行座谈、讲座、报告等。同时，还需要建设一定的宣传设施和场所，如文化长廊、宣传栏、校园广播站等，便于开展大学生思想政治教育工作。

2. 经费投入

高校思想政治教育的经费开支必须纳入大学生培养成本的核算体系之中，否则，经费保障就是一句空话，各项工作都达不到预期的目的。国家财政拨款预算必须合理确定拨款比例，保证高校思想政治教育工作的正常进行。

3. 活动基地建设

在新形势下，大学生思想政治教育需要不断创新工作模式，要拓宽教育渠道，丰富教育方法，充分利用各种社会活动基地，深化教育内容，拓展教育实践。

（1）社会实践是当代大学生最为欢迎的教育方式，加强社会实践教育活动，

能够全面提升大学生的素质。教育行政部门和高校要建立各种类型的教学科研基地、大学生职业技能和创业能力实训基地、社区活动基地、勤工助学基地等，通过社会实践教育，切实培养大学生的综合素质和能力。

（2）爱国主义教育基地以历史博物馆、红色纪念馆为主体，是向大学生传授历史文化知识，进行爱国主义、集体主义、社会主义教育的重要资源。高校要充分利用爱国主义教育基地，在节假日和重大历史纪念日组织大型的参观访问活动，通过图片、文字、建筑等对大学生进行深刻的思想政治教育。

（3）实训和素质拓展是大学生非常感兴趣的活动形式。通过基地的专业技能、创业能力的实际培训，不仅可以提升学生的实际动手能力，培养其创新意识，而且能够培养学生克服困难的勇气、团结合作的精神、与人交往的能力。在当前高校注重加强内涵建设的形势下，各级教育行政主管部门和高校都应积极建立各种形式的大学生能力、素质实训基地以此推动高校思想政治教育工作。

（二）组织保障和人力保障

系统性和整体性地推进大学生思想政治教育工作，既需要明确组织管理目标，合理地调配人员和各种资源，确定它们之间的相互关系，根据具体工作任务实施组织管理工作。总的来说，就是要整合教育要素，健全组织机构为大学生思想政治教育提供组织保障。

1. 构建大学生思想政治教育组织保障机制的必要性

大学生思想政治教育工作虽然是在教育主客体之间展开的，但不单纯是主客体之间的事，其他因素也会对教育活动产生一定的影响。尤其是作为规范教育主客体地位的组织过程和组织机构，直接影响着教育活动的内部机理，是保障机制的重要组成部分，是各种教育机制运行的前提。在多年的思想政治教育过程中，我国建立起相应的教育组织保障体系，但是随着国内外社会环境、高校办学模式和大学生的思想观念、行为方式的变化，大学生思想政治教育需求已然发生了改变。在社会转型期的大环境下，我们必须对我国的思想政治教育的组织体系进行必要的调整。一方面，要重新判断大学生思想政治教育的功能和优势：另一方面，要遵循大学生思想政治教育的内在规律，在此基础上对教育组织结构进行调整。

2. 组织保障机制的构建思路

大学生思想政治教育组织机构改革的总体思路应当是“全员育人”。要摒弃过去那种单纯依赖马克思主义理论教学部门和学生工作管理部门开展大学生思想政治教育的传统，在思想认识与实际行动上进一步强化高校“育人为本，德育为先”的育人理念，坚持把大学生思想政治教育融入学校工作的各个方面，贯穿于教育教学的各个环节，努力形成全员育人、全程育人、全方位育人的新格局、新组织、新机制。

学校党委要从总体上把握大学生思想政治教育的根本方向，确定全新的工作理念和工作目标，推动大学生德育工作与智育工作一体化进程。从具体实施来看，马克思主义理论教学部门应抓好理论教育：学生工作部门与共青团系统应帮助大学生树立社会主义价值观；各院（系）专业课教师应该把思想政治教育融入教学环节；学校管理部门和服务部门在各自的岗位上，应带头示范，树立榜样；学校宣传部门应建立起弘扬社会主义主流价值观的文化阵地。

3. 人力保障

按照提高素质、优化配置、稳定结构的要求，大量选拔德才兼备和工作热情较高的中青年干部，充实思想政治教育工作队伍；注重专家化、职业化的专职政工干部的培养，以专兼职相结合为基本原则，采取切实措施，培养一批政治立场明确、理论功底扎实、勇于开拓创新、善于联系实际、具有奉献精神的教育工作者和社会活动人士。同时，思想政治工作志愿者作为一个潜力最大的群体应当得到重视，使之成为壮大政工队伍的后续力量和储备军。因此，要建立和完善思想政治教育专职队伍的激励与保障机制，免除他们的后顾之忧，同时提供更多发展机会，注重人才储备和培养的长效性。

二、改进大学生思想政治教育的环境机制

（一）大学生思想政治教育环境的概念

无论是人的生存发展还是思想品德的形成和发展，都离不开一定的环境。政治主张、道德教化、理论学说的传播，都不是靠政治压力，而是作为一个思想信息在得到环境的验证之下才会被受教育者接受。特别是在经济全球化、科技现代化、社会信息化的今天，大学生思想政治教育所面对的宏观环境、微观环境等差变化都非常巨大，要做好大学生思想政治教育工作就必须研究各类环境因素对教育的影响，不仅充分重视和利用环境，更要有意识地去改造环境、优化环境，创造有利的环境氛围来实现教育目的，从而做好教育工作。

大学生思想政治教育的环境是指影响大学生思想道德素质形成和发展以及大学生思想政治教育活动开展的具有内在逻辑联系的一切外部因素的总和。这有三点含义：一是指环境对大学生的思想道德素质形成和发展的影响；二是指

环境对大学生思想政治教育活动的影响；三是指环境的各种外部因素之间具有内在的逻辑联系。这些因素包括政治因素、经济因素、文化因素和思想因素等。

大学生思想政治教育环境，是由诸多因素构成的。这些环境因素都会对大学生思想政治品德的形成和发展以及大学生思想政治教育活动的开展产生影响，并且影响的内容和方式也会不一样。

（二）大学生思想政治教育环境的分类

研究大学生思想政治教育环境的类型，对大学生思想政治教育活动的开展具有重要的意义。大学生思想政治教育环境，按照不同的标准可以分为以下几类。

1. 自然环境和社会环境

以环境构成要素的性质为标准，大学生思想政治教育环境可分为自然环境和社会环境。自然环境是由一定的自然物质，如大气、水、生物、土壤、岩石太阳辐射等组成的综合体。例如，日月星辰、江河湖海、山川平原等就是这种综合体的具体体现。自然环境是大学生赖以生存和发展的物质基础，它为大学生的健康成长提供必需的各种物质和进行活动的场所，对大学生思想政治品德产生一定的影响和作用。社会环境是指人类社会在长期的发展过程中创造和积累的物质文化以及社会成果的总和。它包括政治环境、经济环境、文化环境、虚拟环境等。社会环境对大学生思想政治素质的影响是社会的经济关系、政治关系和文化关系等与大学生发生相互作用的过程中形成的。自然环境和社会环境往往共同作用于大学生的思想，共同影响着大学生思想政治教育活动的开展。

2. 宏观环境和微观环境

以环境构成范围的大小为标准，可以将大学生思想政治教育环境划分为宏观环境和微观环境（也有学者将环境分为宏观环境、中观环境和微观环境）。宏观环境，又称为大环境，包括国际大环境、国内大环境和地区大环境，它是指国际或我国或我国某一地区内各种环境因素的总和。微观环境，又称为小环境，一般是指与人们的活动直接相关的局部环境因素，如家庭环境、学校环境、社区环境、同辈群体环境等。一般认为，在宏观环境和微观环境中，既有自然环境的因素，也有社会环境的因素。例如，在宏观环境中既有山川、河流、平原、草地等自然环境的因素，也有经济、政治、文化等社会环境的因素。与自然环境相比较，宏观环境和微观环境中的社会环境因素对大学生思想政治教育活动以及大学生思想政治品德的形成和发展施加的影响是主要的。宏观环境和微观环境有着密不可分的关系，一方面宏观环境制约着微观环境，另一方面微观环境对宏观环境具有反作用，影响着宏观环境，它们之间相互联系，相互作用，共同对大学生思想政治教育和大学生的思想政治品德产生影响。

3. 良性环境和恶性环境

以环境影响好坏性质为标准，可以将大学生思想政治教育环境划分为良性环境和恶性环境。良性环境是指有利于大学生良好思想政治品德形成和大学生思想政治教育工作开展的环境。相反，阻碍大学生思想政治品德发展和大学生思想政治教育工作进行的环境为恶性环境。“入芝兰之室，久而不闻其香；入鲍鱼之肆，久而不闻其臭”“近朱者赤，近墨者黑”等都形象而深刻地说明了环境好坏对人的影响。大学生思想政治教育者是要善于利用和创造良性环境，引导大学生正确地对待恶性环境。

4. 物质环境和精神环境

以环境构成的内容来看，可以将大学生思想政治教育环境分为大学生思想政治教育的物质环境和精神环境。大学生思想政治教育的物质环境是指影响大学生思想政治教育的各种物质因素的总和，它包括未经过人类加工改造的纯粹的物质环境和经过人类加工改造后的物质环境（即人化的自然环境），它涵盖了自然界中的属人环境、社会中的经济环境等。例如，名山大川属于前者，人文景观、爱国主义教育基地则属于后者。精神环境是指影响大学生思想政治教育和大学生思想政治品德形成和发展的各种社会精神因素的总和。例如，社会制度、社会文化、社会风尚、社会舆论等都是精神环境构成的要素。

（三）大学生思想政治教育要顺应国际国内的宏观环境

国际国内环境的存在与发展相对于大学生思想政治教育工作系统来说是既定的，不以人的意志为转移的，无论是大学生思想政治教育工作的主体还是客体，都生活在其中并受其规定和制约。因此，面对复杂的、多变的国际国内环境，大学生思想政治教育工作者的主要任务是对国际国内环境中的各种因素进行筛选和利用。

1. 要充分利用全球化环境的有利因素，更好地发挥大学生思想政治教育工作的意识形态教育功能

（1）经济全球化所带来的多元文化、多元观念和多元生活方式，不仅拓宽了大学生的视野，而且打破了他们的封闭局限观念，使得大学生对世界各国经济、政治、文化等方面的优点和缺点有了更全面的了解，在比较中有目的地

借鉴、吸收，做到洋为中用。同时，也使大学生对什么是社会主义和怎样建设社会主义有了更加深入和正确的理解，能够促使他们逐渐摆脱原有的错误认识，在对社会主义本质、特征和体制的认识上，都发生了巨大的飞跃，使建设社会主义的理论、方针和政策融入经济全球化发展的大背景之中，打破了学生禁锢的思维模式，形成了开放的新观念、新思维，实现了观念的变革和理论的创新。

（2）全球化中多元化的意识形态在对立和差异中并存、相互交流、相互融汇的局面，为我国主流意识形态吸收全球化时代的合理养分、丰富自身提供了良好的机会；也有利于大学生开阔视野，从传统与现代的差距中找到长处和不足，寻求加强和改进我国主流意识形态建设的新的着眼点，增强主流意识形态的包容性和吸引力；还有利于学习和借鉴各国在对意识形态教育、管理手段以及管理方法等方面的先进做法，为我所用，增强大学生思想政治教育工作的生机和活力，切实提高大学生思想政治教育工作的实效性。

2. 充分发挥党和政府的主导作用，创建和谐稳定的社会环境

政府是构建思想政治教育社会大环境的主体，政府对社会环境的调控和改造对大学生思想政治教育工作意义重大。思想政治教育环境不是单一的、封闭的，而是多维的、开放的。思想政治教育工作者可以利用改革开放、市场经济等有利环境，加强国家间的交流与合作。当前很多国家基本上都采取政府、社会组织和个体三者间双向联结的三角模式，实现对个人社会角色的管理。当然这种三角模式的三级并非固定，也可以设计为国际组织、国内组织、个体等。例如，最早源于20世纪70年代创立的欧洲青年中心和欧洲青年基金会，该机构定期召开国际研讨会和工作会议，设立常设机构，督促各国青年思想政治教育工作的规划和具体落实，是一种国际组织、国内组织、个体之间的三角模式。构建资源整合的三角模式，可以开阔视野增长见识，更好地把握国际环境，了解国外思潮，深化环境认识，为更好地整合各种环境资源，为受教育者的角色自觉创造更加开放、多元有利的环境条件。

3. 大力发展文化事业，优化文化大环境

优化文化大环境，就是要引导人们去寻找与建立同经济体制改革、政治体制改革相适应的新的思想观念和新的文化观念，将价值观教育持久地渗透到文化活动载体之中。要用科学的理论武装人，用优秀的作品鼓舞人，努力地繁荣文学艺术事业，大力发展哲学社会科学事业和其他文化事业，坚持各类博物馆、纪念馆、展览馆、烈士陵园等爱国主义教育基地的构建，培养学生的爱国情操。在进行参观的过程中，要对全社会进行开放，针对学生集体参观，应实行免票

制度；如果是学生个人进行参观的情况，应实行半价制度。另外，处于不同地位的各级政府和企事业单位，要专门拨出一定的人力和物力，对大学生的公益性文化活动进行全面的支持。

（四）优化思想政治教育的学校、家庭、社区环境

思想政治教育环境是一个由众多子环境构成的巨系统，其中与人的日常生活、生产联系较为紧密的是家庭环境、学校环境、社区环境。在人思想品德的形成和发展过程中，这三种子系统发挥着重要的影响作用，因而，思想政治教育环境优化要求充分发挥这三种子环境的积极作用，坚持三位一体，形成强大合力，推动人的思想品德水平不断提高。

1. 优化大学生思想政治教育的学校环境

学校是专门培养人才的特殊单位，是建立在一定社会关系基础上的社会组织体系。在学校中接受教育的青少年，他们的很多时间都是在学校中度过的，因此在对学生进行文化教育的同时，对他们思想道德的教育也不能放松，这对未来高品质人才的培养具有重要的作用。学校环境指的是，由学校的教职工、教育内容、校园文化、校风、教风、学风等诸多因素构成的境况。因此，想要提高对学生思想政治的教育水平，为他们提供一个良好的学校环境也是必不可少的，这是当前学校工作的重点。

想要提高学校对学生的思想政治，就必须引起学校的重视，这样才能为学校思想政治教育提供足够的资金和硬件设备，在整体上为学校的教学环境创造一种健康向上的校园环境，这样才有助于实现思想政治教育工作内容和形式的统一，从而获得良好的教育成效。也只有在这种情况下，才能鼓励广大教师对思想政治教育不断进行研究和探讨，提高自身的教学方法和模式，全面提高学生的思想政治水平。

积极地进行校园文化环境的建设，这对大学生思想政治素质的提高能够起到潜移默化的作用

2. 优化大学生思想政治教育的家庭环境

在所有的教育方式中，家庭教育是最有影响力和感染力的一种。这是因为，家庭成员之间具有特殊的血缘、依赖和亲情关系，其对青少年教育的人格形成和发展具有重要的影响作用，甚至会影响孩子的一生。家庭这种微观环境对教育对象具有启蒙奠基、信赖易感、潜移默化、连续不断的特点。从家庭教育的特殊性来看，其既是一种启蒙教育，是青少年最先接触的“老师”，同时也是

一种终身教育，是孩子的“终身教师优化家庭教育环境，学校要保持与家长的沟通和联系，对家长进行思想政治、教育学、心理学等方面的理论教育，从整体上让家长认识到家庭环境在子女成长过程中所承担的重要责任，实现子女教育的科学性。在对孩子进行教育的过程中，还要不断提高自身的思想素质，为子女的教育起到良好的榜样作用，为孩子的教育创造一个和谐、民主、进取的家庭环境，以促进青年大学生的健康成长，促使教育效果的实现。

3. 优化大学生思想政治教育的社区环境

社区环境与家庭环境和学校环境相比，具有很大的不同之处，它犹如社会的一个缩影，成分复杂、良莠不齐。良好的社区环境既可以为家庭生活、学校工作提供必要的物质和精神保障，也可以成为家庭教育和学校教育的有益补充。著名教育家苏霍姆林斯基曾经说过：“单单在儿童上学和回家的路途上，他们受到的思想教育就比在学校里待几个小时所受的教育都强烈鲜明得多。”其原因“就在于这些思想是包含在形象里，包含在生活的各种画面和现实中的。”由此可以看出，在大学生思想政治教育过程中，社区环境起着不可替代的作用。

（1）创建导向正确的社区文化

在为大学生思想政治教育创造优秀的社会文化的过程中，应充分发挥大众媒体和社区宣传栏等的宣传作用，树立正面典型，宣传先进人物先进事迹，创造积极健康的良好的社会氛围，引导大学生树立正确的思想观念、价值取向、行为方式、生活情趣

（2）优化社区的文化环境

社区环境中对大学生影响最大的是社区文化环境，因此，必须切实加强社区文化环境的建设和管理，为全面实施思想政治教育创造条件。对社区内已经存在的文化设施要不断进行完善，同时还要不断增加新的文化设施，保证社会环境的新鲜性、趣味性与教育性的结合，提高娱乐活动的质量，丰富人们的精神文化生活，使社区文化真正起到教育、调节当代大学生身心健康的良好作用。还要加强社区文化设施的管理，维护社区正常的文化环境，从而保证社区文化设施发挥良好的教育作用。

（3）净化社区中存在的不良环境

社区毕竟是社会环境的小缩影，有很多方面高校是无法调控的，因此，要想为学生创造出一个良好的周边环境，就必须对学校内部加强管理。对大学生的教育不能仅是文化教育，同时还要对其进行安全教育、法制教育和大学生自我保护教育，提高大学生的自我保护能力，促使学生能够自觉地抵制不良文化

制品的侵害，尽量远离非法网吧和酒吧、歌舞厅。

需要注意的是，在对学生进行自我保护教育的过程中，还应当重视教师的正确的指引和教导，主要表现在三个方面。一是教师要教育学生不要接触不良网络和录像，防止暴力和色情对自身精神的茶毒；二是教师要告诫学生远离对自身身心健康发展有害的娱乐场所，避免自身的思想或是身体受到侵害；三是教师应与学生之间建立良好的师生关系，经常与学生进行教育与沟通，帮助学生解决生活或是学习上的难题，教育学生珍爱生命、关爱他人。

三、优化大学生思想政治教育的评价机制

（一）大学生思想政治教育评价机制指标的创新

当下大学生思想政治教育评价的创新发展，必须以宽广的眼界和动态的视角，借鉴国外教育评估的现实经验和先进做法，遵循新生代大学生的成长规律，改进方式方法，完善机制体制，从而推进大学生思想政治教育评价的科学化发展。

1. 教育过程的协调性

教育过程的协调性，即思想政治教育过程中的各因素之间相互配合、协同一致，使思想政治教育过程呈现出和谐的状态。

思想政治教育过程是非常复杂的，包括许多要素。从教育实施看，包括教育内容、教育方式、教育载体、教育手段、教育环境等；从受教育者思想品德的形成看，包括认知、情感、信念、意志、行为等。把教育实施和受教育者思想品德形成结合起来看，教育过程还可分为内化阶段和外化阶段。思想政治教育要和谐，从而获得良好的教育效果，上述各要素之间必须协调，即相互配合、协同一致，这样才能力往一处使，使思想政治教育活动产生更大的效能。否则，彼此矛盾、相互掣肘，教育过程中障碍、梗阻、破绽、漏洞不断，一则教育难以顺利进行；二则教育效果将大受影响。“德育自身诸要素的和谐是德育效益最大化的前提”。因此，评价思想政治教育的一个重要指标，就是教育过程的协调性，或者说，教育过程的协调性是思想政治教育的突出表现。

把握和评价好思想政治教育过程的协调性要注意以下几点。

（1）具体施教过程的协调性

思想政治教育过程协调性的一个重要表现是具体施教过程的协调性，因为无论是前面谈的要素之间的协调，还是对要素的调节控制，都要落脚于施教过程的协调，或者目的是实现施教过程的协调，否则，前两者的协调就变得没有

意义了。具体施教过程的协调表现在多个方面，如教育内容的协调性，教育内容与教育方法和教育手段之间的协调性，教育内容、教育方法和教育手段与教育环境的协调性，教育者与受教育者以及受教育者之间活动的协调性，施教活动各环节的协调性，教育活动与教育目标之间的协调性，等等。把握和评价具体的施教过程的协调性，评价者除了听被评价者的汇报和查验书面材料外，更为重要的是参与被评价者的具体教育活动过程，体验、感受具体教育活动过程。因为参与、体验、感受才是最直接的，才是最有说服力的。

（2）各要素之间的协调性

过程的协调性是由过程中各要素间的协调性决定的。所以，把握和评价好思想政治教育过程的协调性，首先就看思想政治教育过程中各要素之间的协调性。思想政治教育过程中的要素众多，看各要素之间的协调性，主要应看到教育内容、教育方法、教育环境与受教育者以及它们之间的协调性。教育内容、教育方法作为教育过程中的介体，教育环境作为教育过程中的客观条件，对受教育者作用、影响最大，它们决定着受教育者接受教育的程度与状态。当然，其他要素之间的协调性也要看到，如教育载体、教育手段与受教育者之间，教育载体、教育手段与教育内容、教育方法、教育环境之间等。

（3）对各要素的调节控制

“教育是一种自觉的可控影响，它可以对各种环境影响做出选择和调节，可以利用环境中的有利因素，协调各种自觉影响，也可以有意识地抵制环境中的消极影响，甚至能转移环境影响的某些因素，使其纳入教育的正常轨道，从而创设一种良好的教育条件和情境。”思想政治教育过程中的各要素都是变动的，特别是受教育者、教育环境要素变动性更为突出。总之，思想政治教育过程的协调性有赖于对思想政治教育的要素进行调节、控制，以使各要素之间保持协调。特别是在我国社会转型时期，社会处于急剧变化之中，种种社会现象、价值观念对人们的影响异常强烈，人们多方面的观念也出现了很大变化，这就更需要重视对教育要素的调节、控制。教育者能积极主动地对教育要素实施调节、控制，教育过程的协调性就可能好些，否则，教育过程就很有可能矛盾、冲突多发，教育成效低下。对教育要素的调节控制是实现教育过程协调的手段和保障，体现着教育者的协调意识，反映着教育者的协调能力，是从动态角度对教育过程协调性的把握和评价。

2. 教育内容的适切性

所谓教育内容的适切性，即教育内容适应、切合教育对象和社会的发展需要与现实状况。

教育内容的适切性是思想政治教育评价的首要指标。这是因为教育内容对教育对象适应、不切合，教育对象才有可能积极接受，才有可能便于接受，从而才可能有好的教育成效。否则，教育对象就不感兴趣不愿接受。现实思想政治教育中，不是根据教育对象的需要和情状安排的教育内容比比皆是，这正是思想政治教育没有吸引力、成效不佳的主要原因。教育内容适应、不切合教育对象的发展需要和现实状况的评价指标，是思想政治教育的本质和思想政治教育以人为本基本原则的要求。

教育内容的适切性的另一要求，是教育内容对社会发展的需要和现实状况的适应、切合。“思想政治教育内容的建构……依据阶级社会对其成员的根本要求、时代条件发展变化的客观要求、思想政治教育内容的继承借鉴和结构要求，形成思想政治教育内容体系”。思想政治教育毕竟是以社会的要求来教育人，目的是实现人的社会化，让受教育者成为适应和推进社会持续发展的人。所以，教育内容的适切性不能仅谈适应切合受教育者。但是，在受教育者和社会两者中，适应、切合受教育者必须摆在第一位。因为不适应、切合受教育者的教育，其效率、效益都不会高，甚至是负效益。无论多么适应、切合社会的教育都将没有了意义，因而，较长时期以来我们以社会为本位的思想政治教育必须进行适度调整。

把握和运用好教育内容的适切性指标，就要注意以下几点。

（1）把握现实社会要求

教育内容的适切性，包括适切现实社会的要求。因此，在评价教育内容的适切性时，评价者要把握现实社会的要求。现实社会对不同的群体有不同的要求，评价者必须清楚现实社会对所评价教育对象的要求并将这些要求与施教内容相比照，从而做出“适切”程度或等级的评价。在这里，把握好现实社会对不同群体的要求是做出正确评价的关键。在现实评价中，并非所有的评价者都清楚现实社会对自己评价的教育对象的要求。因此，评价的针对性、准确性往往存有问题。

（2）了解施教具体环境

具体来说，教育内容的适切性还应包括适应、切合施教的具体环境。所谓施教的具体环境，包括施教单位面临的主要职责（工作或学习任务）、思想政治状况、思想政治教育的条件等。不同的施教单位有不同的职责、思想政治状况、思想政治教育条件等，这些因素对思想政治教育的内容也有影响或决定作用。思想政治教育不能脱离具体的施教环境而确定教育内容，恰恰相反，应根据具体的施教环境选择、安排教育内容，否则教育内容也没有或者适切性不强。因此，运用好教育内容适切性指标，评价者还需要认真了解被评价对象的施教环境。

（3）熟知教育对象情况

教育内容的适切性，是指适合教育对象的需要与特点。因此，在评价教育内容适切性时，首先要看的就是这一点。正因如此，评价者要熟知教育对象。这里的熟知包括许多内容，如教育对象的思想品德状况及发展需要、教育对象的知识和阅历、教育对象面临的环境等。真正把握住教育对象的这些情况，将教育对象的这些情况与施教的内容相比照，从而做出“适切”程度或等级的评价，也不是容易的事，需要评价者做深入细致的工作。

（4）倾听教育双方意见

真正地掌握好教育内容的适切状况，除了了解、把握上述客观情况外，还需要倾听教育双方的意见。教育者和受教育者是思想政治教育活动的主体，教育内容是否具有适切性或适切程度如何，教育主体具有重要的发言权。教育内容适切性高，受教育者就喜欢，就乐意接受，受教育效果就好；否则，受教育者对教育就没有兴趣，不愿接受，教育效果就差。同时，教育者选定教育内容也必有其理由，倾听教育者的意见，了解其理由的适切性，便于评价者做出正确的判断。

3. 教育效果的知行统一性

教育效果的知行统一性，即思想政治教育从效果上看，既能让受教育者掌握一定的思想政治道德理论规范，又能让受教育者将掌握的思想政治道德理论规范指导或转化为行为，实现认知与行为，特别是行动的一致性。

人的思想政治道德从本质上讲是个行为，特别是行动的问题。因为人的行为特别是行动才会产生有利于还是有损于他人或社会的后果，人们主要是依据行为特别是行动去评判一个人的思想政治道德面貌的。判断一个人思想品德是否高尚，既要听其言，更要观其行。一个人的行为表现往往综合地反映了其思想品德的面貌……思想政治教育总是要求人们表里如一、言行一致，引导人们践行社会要求的思想品德规范。如果只停留在社会要求上，而不注重人们的行为表现，思想政治教育就不能真正发挥其育人作用。因此，在思想政治教育上，教育者应注重知行统一，特别注意引导受教育者将已有的思想政治道德认知转化为行为，落实到行动上。

在现实的思想政治教育中，往往是仅注意思想政治理论的灌输，对教育效果的评价也往往是仅有书面的纸笔测试，以纸笔测试成绩的高低确认一个人思想政治道德水平的优劣。这样的教育和评价是不妥的，这也是导致思想政治教育效果欠佳的重要原因。在思想政治教育评价中必须突出知行统一，将知与行的统一性作为思想政治教育重要的评价指标。

把握和评价好教育效果的知行统一要注意以下几点。

（1）人的思想品德的形成，以知为基础，以行为归宿，良好的行为是思想政治教育的最终目标。所以，把握和评价思想政治教育效果，就既要注重受教育者对思想政治道德理论知识的掌握，更注重受教育者的行为特别是行动，把两者统一起来。不可仅看一点，特别是不可仅看认知。否则，就不是思想政治教育的评价。

（2）人的思想政治品德的高低会从多方面表现出来，但行为是主要的，而在行为中，更为重要的是自己本职工作或者叫作分内之事完成的状况。因为本职工作或者分内之事是自己的本业，是自己与他人、与社会交往的基本职责。将自己的本职工作或分内之事做好了，才承担了自己的基本责任，才尽到了自己与他人、与社会交往的基本义务，才表现出了自己基本的，也是应有的思想道德素养，否则，思想政治道德素养就难以合格。因此，把握和评价思想政治教育效果的知行统一性，要注重被评价者的本职工作状况。

（3）知行统一，不是虚拟的，而是真实的、可见的客观存在。因此，在把握和评价思想政治教育效果知行统一时，要注重被评价者已获取的成绩、荣誉。这些已获取的成绩、荣誉是知行统一的最好见证。

（4）由于种种原因，有的人的良好的思想道德行为获得了荣誉，而有的人的良好的思想道德行为没能获得荣誉。在现实社会中有的荣誉也并不“荣誉”。但是不容置疑的荣誉是有的，那就是口碑。“金杯、银杯，不如老百姓的口碑”。评价者要深入群众之中，收集口碑，注重口碑。我们认为，在评价权重中，口碑重于可见的荣誉。

（二）大学生思想政治教育评价机制的方法创新

创新大学生思想政治教育的评价机制，重视评价体系的改革创新尤为重要。通过改革和创新评价体系，有利于为高校评价项目和过程提供改进的方案和评价的结果。下面介绍“模糊综合评价法”在大学生思想政治教育评价工作中的借鉴作用。

1. 模糊综合评价法构建

模糊综合评价法是建立数学模型的定性与定量相结合的评价方法。步骤大体分为以下几步。

（1）建设指标体系

根据教育与管理相结合的原则，在分析思想政治教育各个环节、分析人们思想变化和行为规律的基础上，提出评价指标体系，建立评判因素集合。例如，学校思想政治教育评价的具体指标体系。

（2）收集数据

所有有关思想政治教育工作评价的数据都要来自实地调查。数据一般应通过上级检查、专家评议、民主测验、抽样调查等多种方式获得。为了减少主观因素的影响，应由上级部门、专家小组、教育工作者、群众等方面分头填写评价表，进行分别统计评价，然后把各方面的评价值采用加权统计的方法进行整理，取得综合评价意见。具体方案如下。

第一，权重。由于指标体系中的各指标因素在思想政治教育工作中的地位和作用不同，应给各个指标因素以不同权重，见表 3-1。

表 3-1　指标因素的不同权重

指标因素	A（W1）	B（W2）	C（W3）	D（W4）
权重（Ⅳ）	20%	50%	20%	10%

由于上级部门、专家小组、教育工作者和群众对不同指标因素的掌握程度和看法不同，在评价结果中理应占据不同的权重，见表 3-2。

表 3-2　评价结果的不同权重

指标因素权重(W)	上级部分 E1	专家小组 E2	教育工作者 E3	群众 E4
A	30%	50%	10%	10%
B	30%	40%	10%	20%
C	20%	40%	20%	20%
D	30%	40%	20%	10%

第二，评价等级及记分。对于每个指标因素 A、B、C、D 均按四级评价，每级记分，见表 3-3。

表 3-3　评价等级及计分

评价等级	好	较好	一般	差
计分（N）	40	30	20	10

由于综合评价结果并不正好是以上各等级所给的分数值，特做以下规定：40 ≥ N ＞ 30 为好；30 ≥ N ＞ 20 为较好；20 ≥ N ＞ 10 为一般；10 ≥ N ＞ 0 为差。

第三，结论。根据上级部门、专家小组、教育工作者和群众评价得来的数据，采用算数加权求和的方法，即可以评价出思想政治教育工作的状况。评价思想政治教育工作是如此，评价思想政治教育过程、教育者、受教育者也都是如此。对思想政治教育的各种评价都可以采用模糊综合评价法进行。

2. 模糊综合评价法样表

高校思想政治教育工作评价模式表，见表 3-4。

表 3-4　高校（或院系）思想政治教育工作评价模式表

姓名：　　　　性别：　　　　院系：　　　　评价时间：
评价者：　　　　（本人、院系领导、思想政治教育管理组织或部门）
评价时间：

一级指标	二级指标	三级指标及其权重			
		不合格（2 分）	合格（3 分）	良好（4 分）	优秀（5 分）
工作态度	事业心	工作敷衍了事，缺乏责任心	事业心不强，满足于基本任务的完成，责任心不强	事业心比较强，工作比较勤奋，有责任心，能够主动承担责任	工作认真刻苦努力，一丝不苟，任劳任怨，积极责任，敢于承担责任
	纪律性	组织纪律性比较差，经常不参加院系及学校的集体活动	组织纪律性一般，能够遵纪守法	组织纪律性比较强，能够自觉遵守法律和各种规章制度	组织纪律性强，模范地遵守法律和各种规章制度
	服务性	服务意识差，私心重，不为他人着想	服务性一般，不能主动地为他人服务	服务性较强，能够主动关心他人	服务意识强，主动关心他人，具有为人民服务的精神
	原则性	原则性差，有时为了照顾情面而放弃原则	原则性一般，但遇到重大问题，原则不动摇	原则性较强，是非分明，在重大问题上能体现原则	坚持原则，敢于同违反原则的行为作斗争
	主动性	主动性差，甚至消极怠工	主动性一般，有时比较主动	能够积极主动地完成各种工作或任务	主动性强，十分积极主动地完成分内分外的工作

一级指标	二级指标	三级指标及其权重			
		不合格（2分）	合格（3分）	良好（4分）	优秀（5分）
工作业绩	工作质量	不能按时完成工作任务，且经常出现失误	工作效率低，偶尔出现失误	能按时完成任务，各项指标基本达标且效率较高	出色完成各项工作任务，各项指标达标且效率高
	学生评价	不满意	比较满意	满意	很满意

（三）大学生思想政治教育评价模式的创新

评价模式既反映着思想政治教育的形态特征，也反作用于特定形态的思想政治教育，还给评价提供便于操作的样式。我们认为，思想政治教育的评价模式主要有质与量相结合的模式、自评与他评相结合的模式两种。

1. 质与量相结合的评价模式

所谓质与量相结合的评价模式，即将定性评价与定量评价相结合的模式。也就是说，在思想政治教育评价中，既要对评价对象进行整体和性质的分析综合，以鉴别和判定思想政治教育实践效果性质，也要对评价对象运用数据的形式，通过对评价对象表现出来的一些数量的关系的整理分析，从数量上相对精准地把握思想政治教育实践效果状况的评价模式。

（1）质与量相结合评价模式的优势

思想政治教育评价主张采用质与量相结合模式的主要理由有以下几点。

第一，事物都是质与量的统一。唯物辩证法认为，事物都包含一定的质，也都有一定的量，是质与量的统一。因此，思想政治教育评价，就既看其质，也看其量，这样才符合事物的发展规律，才能使评价客观准确、和谐。

第二，量的评价必须以质为前提。数学、统计学和计算机科学的发展，为思想政治教育量化评价奠定了基础，量化评价在现实中逐渐被采用。但是，离开定性的定量评价，毫无疑义……定性是定量的前提和结果。

第三，仅有质的评价难以精确。质的评价是我们传统的评价方式。这种方式容易过多地依靠经验和印象，导致主观随意性，即仅有质的评价是难以进行精确的评价的，因此是不科学、不和谐的。

第四，质与量结合的评价才准确。质是不同事物相互区别的规定性，量是保持事物性质的规定性。质量评价以便区分优劣，认识其性质；量的评价以便区分优劣的程度，对同性质的对象做出准确的鉴别。可见质与量结合的评价才准确、和谐。

（2）质与量相结合评价模式的程序

一般来说，质与量相结合评价模式的操作程序如下。

第一，看、听、问—形成初步印象—有了初级的质。对思想政治教育对象的评价，无论是对个体的评价抑或群体的评价。一般来说，评价者首先通过看、听、问等活动：看评价对象的面貌、状态；听评价对象汇报；问评价对象的教育安排、效果等。通过这样的看、听、问，评价者对评价对象会形成初步的印象——好，或者比较好，或者不够好，或者比较差，或者很差，以及类似程度的初级质的判断。

第二，查、调、访—深入了解分析—获取足够的量。在有了初级的质的判断后，评价工作进入了重要的阶段——深入了解分析。一般来说深入了解分析主要是通过查阅资料、调查、访问的方式进行的。查阅资料即查阅评价对象提供的反映本次评价情况的文本资料；调查即对文本材料、“看、听、问”阶段了解的情况等加以查证、核实；访问即深入受教育者之中，了解、掌握更具体的情况。通过这样的查、调、访，获取足够的量。

第三，依据量研究质—质与量相结合。在有了初级的质，获取了足够的量以后，依据量分析、研究质，起初的质的判断是否妥当；对质做出更为精确的判断。依据量研究的质，即质与量的结合，才是更客观真实的评价。

（3）质与量相结合评价模式的基本要求

思想政治教育运用好质与量相结合评价模式的基本要求有以下几个方面。

第一，质的判断必须以量为基础。在质与量相结合的评价模式中，初级的质的判断，可能没有充分的量的支撑，但是，这时的质的判断也是以通过“看、听、问”获取的一定的量为基础的，否则，质的判断就是无据的。在获取了足够的量以后进行的质与量相结合的评价时，质的判断无论对一定质的程度的判断抑或不同质的判断，都必须以量为基础，否则，对质的断定就难以客观、准确，就难以服人，因此，就没有评价预期的好结果。

第二，进行量的分析要充分。在质与量相结合的评价模式中，量也是重要的：它规定着质——或者精确质，或者确定质。因此，进行量的分析时，要脚踏实地，认认真真，要了解足够的量、真实的量，对量的分析、研究要充分、要精细，防止形式主义、走马观花。

第三，进行质的判断要谨慎。起初的质的判断对整个评价起着基础的、导向的作用；最后的质的判断是对评价对象的质的判定。无论前者还是后者在评价中都是至关重要的，因之，在进行质的判断时要谨慎，尽力使判断客观、准确。否则，不仅评价失真，对评价对象可能会造成很大的不利。如若这样，评价就是消极的了。

第四，量的分析必须以质为前导。在质与量相结合的评价模式中，虽然量的分析是重要的和必要的，但是，对于量的分析必须以质为前提和指导，即必须看清是什么质上的量。否则，离开定性评价的定量评价，毫无现实意义。

2. 自评与他评相结合的评价模式

所谓自评与他评相结合的评价模式，即将被评价对象自己评价与其他评价主体的评价结合起来进行的评价模式。具体地说是，被评价的教育者或受教育者（现实评价中，较多的是评价受教育者，因为受教育者的情况，特别是受教育者的表现，是思想政治教育效果的直接呈现，即便是对教育者的评价，也主要通过评价受教育者的情况来进行）对自己进行评价，另外的其他评价主体——或者教育者，或者领导，或者专家，或者相关人员对评价对象进行评价，并将两个方面抑或多个方面的评价相结合，得出最终判断的评价模式。

（1）自评与他评相结合评价模式的优势

思想政治教育之所以倡导自评与他评相结合的评价模式，主要是因为以下几个方面的理由。

第一，自评与他评相结合的评价有利于激发、调动被评价对象的积极性。正因为被评价对象最清楚思想政治教育的情况，而既往的思想政治教育评价没有或者很少让被评价对象参加，致使评价难以准确并且难以为被评价对象积极接受。因此，运用自评与他评相结合的评价模式，让被评价对象参与到评价过程中去，有利于激发、调动被评价对象的积极性，使他们易于接受评价结果，更使他们积极地投入持续的思想政治教育过程中去。

第二，自评与他评相结合评价才客观、准确。评价是为了掌握思想政治教育的情况和促进教育活动深入地开展。谁最清楚思想政治教育的情况？被评价对象。被评价对象是思想政治教育的主体、亲历者，他或他们对教育的过程及其效果心知肚明。所以，被评价对象要自评。但是，现在有些人不那么坦诚、谦逊了，不仅如此，还喜欢自夸或者夸大其词甚至弄虚作假者也不鲜见了；还有不识庐山真面目，只缘身在此山中的制约；再加上人们看自己时往往看到的优点多，缺点少，而看他人则相反，因此，不能仅有自评，还需要有他评。他评可以保证评价的客观性。这样，自评与他评相结合，评价才会客观、准确。

第三，自评与他评相结合是对既往思想政治教育评价的改革和创新。上面已经谈到，应该让被评价对象参与评价。特别在当代社会，我们倡导以人为本，人们的自主意识、民主意识、参与意识普遍增强，仅有他评，把被评价对象看作机械的客体，这样的评价是很难让被评价对象接受的。所以，思想政治教育提出自评与他评相结合的评价模式，以改革既往的不合理的评价模式。

第四，自评与他评相结合评价才和谐。虽然被评价对象最清楚思想政治教育的情况，但是，较长时期以来，在现实的评价中，被评价对象难以参与评价，盛行的仅有他评。这往往导致评价仅关注了那些显性的东西，甚至形式，对教育过程、对受教育者思想认识的提高、心理的变化等难以顾及，而这些却是思想政治教育中的重要方面。正因为这样，对于评价给出的判断，被评价对象往往有意见，甚至影响了思想政治教育的持续进行。所以，坚持自评与他评相结合的评价模式，评价才会和谐。

（2）自评与他评相结合评价模式的基本程序

第一，被评价对象自评。无论是对教育者的评价，还是对受教育者的评价；无论是对个体的评价，还是群体的评价，被评价对象自评，即让被评价对象对自己的思想政治教育工作（对教育者而言）或接受思想政治教育的过程与效果（对受教育者而言）做出评价。被评价对象的自评，可以采用定性评价——一般是定等级；也可以运用一定的量的表达——定分数。不管运用哪种方式，都必须有依据，即对判断的足够的支撑，以防止自评的虚假。

第二，其他评价主体评。其他评价主体的个数难以确定，有可能就一个主体；有可能是多个主体，如教育者（对被教育者的评价）、受教育者（对教育者的评价）、领导者、专家学者、思想政治教育的职能部门、知情者（或同事，或同学，或家长，或朋友，或与被评价对象有较多交往者，等等）。参与评价的其他主体越多，评价的结果就越客观准确。其他主体的评价，一般是定性与定量相结合的评价。参与评价的主体务必带着对被评价对象、对社会负责任的态度，认认真真地进行评价，不可草率从事，搞形式主义，搞弄虚作假。

第三，自评与他评相结合。在自评与他评的基础上，将自评与他评相结合，即将两个评价结果进行整合。所谓整合，并不是将两个结果简单相加或按一定的权重计算出最后的结果，而是要认真地对比、分析研究各评价的客观、合理之处，对各评价结果进行去粗取精，去伪存真，然后由各评价主体的代表协商出最终的评价结果。

（3）自评与他评相结合评价模式的基本要求

第一，动员被评价对象如实自评。较长时期以来，在思想政治教育评价中，自评未被重视，或者未被采用，原因是多方面的，如教育观念问题——没有把评价对象当作主体以及社会理念问题——没有以人为本理念等。但是，更为主要的原因可能还是不相信被评价对象。现实社会条件下，弄虚作假者有之，自评很可能有一定的“水分”。因此，在采用自评与他评相结合的评价模式时，评价领导者、组织者要对评价对象加以动员、引导、指导，让他们有求实的态度和作风，要告知他们除了自评还有他评，虚假迟早会暴露，弄虚作假者最终要吃亏。

第二，各评价主体独立进行评价。为保证各主体评价的真实、准确，在采用自评与他评相结合的评价模式时，各评价主体要独立进行评价，自主地表达自己的意见，否则，就等于没有了多个评价主体，还是一个主体主宰评价。特别是对于自评，要确实保证被评价对象不被控制、操纵愚弄，成为某个人或某些人的玩偶。

第三，其他主体评价要客观、公正。评价中的客观、公正非常重要，否则，就违背了评价的初衷——总结经验教训，推进思想政治教育持续、深入开展。其他评价主体的客观、公正，首先取决于态度的客观、公正，其次取决于工作的认真、扎实，特别是那些平时与被评价对象接触较少、了解较少的评价主体，要保证评价的客观、公正，必须深入被评价对象的日常教育、工作、生活中做细致的观察、了解、调研核实，否则难以保证评价的客观、公正。

第四，对评价结果的整合要科学。由于种种原因，如对评价对象的了解程度，评价者先入为主的成见和评价中的态度，评价者的水平，评价中工作的认真程度等，各评价主体的判断肯定是有差别的。对于各个主体的评价如何赋以权重、整合？这是个复杂的问题，需要认真研究。一般来说，谁更知情，谁更懂得评价，谁获取的证据更有力，在赋以权重时谁的意见就更为重要些。在整合中，要充分发扬民主，各评价主体平等地表达自己的意见、阐述自己的理由，通过民主协商得出最终的评价结果。

第三章　新时期高校学生党建工作的创新

高校学生党建作为高校党建和思想政治工作的重要组成部分，历来为广大教育工作者所重视。高校学生党建工作是一项不断变化的系统工程，不同时期、不同阶段体现出不同的特征，新时期必须不断加强和创新高校学生党建工作，造就一批批具有较高政治理论素养、较高专业技术水平、较高战斗力又思想纯洁的学生党员队伍，为我党长期执政、科学执政保驾护航，为实现中华民族伟大复兴的中国梦保驾护航。

第一节　新时期高校学生党建工作的概述

改革开放以来，在各级党务工作者的不懈努力下，高校学生党建工作取得了长足的发展，积累了丰富的历史经验，对高校思想政治教育工作起到了积极的推动作用。但是不容否认的是，随着时代的发展，形势的改变，大学生党建工作也面临社会转型所带来的各种前所未有的挑战，高校学生党建工作自身也有许多不足和缺陷，这些都严重制约了大学生党建工作的开展，有必要对此进行深入研究。

一、国内外形势的深刻变化

中共中央、国务院在《关于进一步加强和改进大学生思想政治教育的意见》中强调指出：国际国内形势的深刻变化，使大学生思想政治教育既面临有利条件，也面临严峻挑战。这种挑战主要表现在以下几方面。

（一）国内各种社会思潮的影响

随着市场经济的深入发展，泛市场化意识被强化，大众文化和消费主义浪潮兴起。与高中阶段管理严格、相对封闭的学习生活环境相比，大学阶段学习生活的自主性程度加大，而且随着高等教育大众化的普及，大学校园已不再是隔绝于主流社会之外的世外桃源。大量具有娱乐性、商业性、消费性的文化产品渗透进高校学生的日常生活，社会上的一些腐朽的价值理念与丑恶现象在高校也有所反映，利己主义、金钱主义、享乐主义等思想意识应运而生，并迅速蔓延。大学生正处于人生观、价值观和世界观确立阶段，对于各种社会思潮的优劣缺乏深刻的辨别力。在经历了价值选择的多样性、价值判断的矛盾性、价值评价的混乱性后，原有价值体系已经失去了主导地位，而新的价值体系尚未建立，于是具有强烈自我意识的大学生很容易滑向价值主体的自我化。他们对于社会上的各种阴暗丑恶现象深恶痛绝。在这种情况下，如何弘扬主旋律，广泛深入地进行社会主义核心价值体系教育，引导学生党员和入党积极分子坚定走中国特色社会主义道路的决心和勇气，是高校学生党建工作面临的新任务，也是高校思想政治教育的新要求。

（二）高等教育改革的冲击

20 世纪 90 年代以来，高校就业体制发生了一系列重大变革，特别是高校大学生毕业分配实行自主择业、双向选择政策以后，大学生不得不放下身段，跻身于激烈的择业竞争中，接受市场检验。尤其是随着 21 世纪高校大规模扩招开始后，我国高等教育迅速由精英化阶段过渡到大众化阶段，大学生就业压力空前加大。在这种情况下，大学生个体综合素质的高低成为择业取胜的关键。鉴于许多用人单位尤其是行政事业单位把“是否党员”作为衡量毕业生思想政治素质的重要标准，导致不少大学生单纯为了谋求一个好职业，或者是为了将来个人发展捞取政治资本，纷纷申请入党，使得入党积极分子队伍在日益壮大的同时，入党动机也渐趋多元化和复杂化。对于已经入党的大学生来说，也大都忙于打造个人就业的核心竞争力，对党支部组织的活动缺乏足够的热心。在不少高校甚至出现了正式党员参与集体活动的积极性没有预备党员的积极性高、预备党员的积极性没有积极分子高的局面，这不能不说是高校学生党建工作的悲哀。如何看待这些问题，并拿出切实有效的解决方案是对高校党务工作者的一个严峻考验。

二、高校学生党建存在的问题

面对国内外严峻形势对高校学生党建工作造成的挑战，大多数党务工作者对此都有着比较清醒的认识，并在工作中给予了一定程度的重视，但受制于传统的教育理念和行为方式的影响，高校学生党建工作自身也存在一些亟待研究和解决的问题。

（一）对高校学生党建工作的重要性认识不足

在以就业为导向的思想支配下，不少高校把大学生专业技能的培养和学术水平的提高当成压倒一切的中心工作，对大学生日常所表现出来的思想政治、道德品质问题缺乏危机感、紧迫感，对大学生的世界观、人生观和价值观教育缺乏足够重视，将大学生党建工作当成可有可无的摆设。少数思想政治教育工作者甚至认为大学生党建工作就是一年发展几批党员，平时组织党员和入党积极分子学习一下中央文件，认为发展党员就是为了给大学生增加就业砝码和政治资本。

（二）对大学生党建工作的日常管理落实不到位

不少高校把大学生党建工作当成软任务来抓，常常是应景式地提出要求，没有具体有力的落实措施，往往是口头上重视，实际中不重视。不少高校在发展党员时不按规章制度和发展程序办事，使一些并不具备党员标准的人也进入学生党员队伍之中。由于不少高校尚未建立党性教育的长效机制，一些已经入党的大学生放松了人生观、价值观和世界观的改造，在现实生活中不仅没有发挥共产党员的先锋模范作用，甚至起到了相反的消极作用。

（三）大学生党建的工作方式和工作理念不够科学

在传统的学生党建工作理念下，普遍认为马克思主义信仰的确立主要靠权威式的理论灌输，忽略了学生党员和入党积极分子的主体地位与主观能动性的发挥。表现在实际工作中，就是高校学生党建工作中普遍存在“五重五轻”的情况，即重灌输，轻引导；重知识传授，轻能力培养；重党校授课，轻社会实践；重理论说教，轻行为养成；重共性，轻个性。这就很难营造出思想境界较高的环境。

（四）在对大学生党建工作的评价上存在着简单量化的操行评定标准

即以学科教学的标准来要求党课，难以达到思想政治素质的内涵式培养，操行评定评的不是思想政治素质而是简单的组织纪律，这就难以升华为理想品行。因此，如何结合当前高校学生党建的实际开展工作，制定出一套行之有效的评价标准，是摆在全体党务工作者和党建研究者面前的一项重要任务。

上述问题的存在已经严重制约了高校学生党建工作的正常开展，只有在充分调查研究的基础上，认真分析导致上述问题产生的原因，并找到解决问题的行之有效的措施，才能从根本上扭转局面，促进高校学生党建工作走上良性发展的轨道。

第二节　新时期高校学生党建工作的对象

目前学界关于高校学生党建工作的研究一般都立足于工作者的角度，去探讨如何加强高校学生党建工作，较少考察作为工作对象的大学生自身具有哪些特点。大学生党建工作本质上讲是从属于高校思想政治教育工作的，其根本目的在于通过开展党建工作，对大学生进行思想政治教育。既要教育大学生，就必须考虑到大学生的特点，尤其是他们的政治认知特点和影响他们世界观、人生观、价值观形成的外部因素。

一、新时期大学生政治认知的主要特点

关于青年的思想特征，毛泽东曾经用“四最”来概括，即最积极、最有生气、最爱学习、最少保守思想。大学生作为青年中的优秀分子和典型代表，除了具有一般青年的优秀品质和思想特征外还具有许多独有的特征。由于大学生文化程度较高，思维较为活跃，对生活学习充满热情，思想历来都走在时代的最前沿，对新事物的敏感度和接受度都很高。尤其是接受过系统的思维能力训练，认知能力和认知水平明显高于普通青年。当代大学生在政治认知上呈现出四个明显的特点：认知心理上趋同性与独立性共生，认知过程中稳定性与多变性同在，认知状态上主动性与被动性并存，认知导向上一元性与多样性交织。

（一）认知心理：趋同性与独立性共生

现代认知心理学研究表明，人们对复杂事物的认知往往建立在一定的认知心理基础之上。研究大学生政治认知特点，首先就要研究他们的认知心理。心理学上按照人们认识事物时对外界因素的依赖程度，把对外界因素依赖较重的现象称为场依存性，依赖较轻的称为场独立性。与之相对应，高校学生的认知心理也可分为两种，为了便于理解，不妨将其分别称作趋同性和独立性。

1. 趋同性的表现及其成因

趋同性在心理学上又叫场依存性，是指人们在信息加工过程中依赖于内部或外部参照物的倾向性。认知心理上的趋同性使绝大多数学生在政治认知上愿意向群体看齐，保持在关注热点和主要观点上与群体的一致性。这种一致性会导致两种截然相反的结果，即大学生既可能在好的方面向集体看齐，也可能受到群体当中的消极影响。积极表现如对主流价值观有着较为一致的认同。

大学生政治认知心理上的趋同性除了表现为关注热点及主要观点上的一致性外，还表现为认知方法上的一致性。如大学生普遍偏重横向分析问题，忽视纵向分析问题；偏重微观体验，忽视宏观把握；偏重局部分析，缺少全局性观察。其实对于大学生而言，形象思维能力较强，而抽象思维能力虽获得了长足发展，但还没有达到完全成熟的程度，同时思维品质发展不平衡，思维的广泛性、深刻性发展较慢，因而思维易带主观性、片面性。

高校学生之所以在政治认知心理上呈现出趋同性的特点，从根本上讲是由于集体生活的影响。目前，我国多数高校的学生都是生活在集体之中的。集体生活中同学间的互相影响使大学生政治认知表现出很强的趋同性。而大学生这一群体的认知方式更多地带有这种依存性。这一方面是由于大学生的年龄决定了他们不可能有丰富的社会阅历作为借鉴，另一方面也是由特殊的社会环境所造成的。如大多数学生的生活是在管教严厉的家庭、学校、社会环境中度过的，接近二十年的教育大都是服从权威、服从家长，因而会形成严重的从众心理，而这会作为一种心理惰性影响他们在大学时期的认知方式。对于一些缺乏主见和独立判断能力的学生而言，集体生活带来的趋同性尤为明显。同时，对于低年级的大学生而言，由于他们的心理特征更容易表现出一种集体无意识和场依存性，这些特征会左右他们对社会问题的看法，使他们易受群体探讨氛围的感染，从而也容易表现出一定程度的趋同性和从众性。

2. 独立性的表现及其成因

高校学生独立思维能力增强，崇尚独立思考和自主判断，因而不愿意接受现成的结论，更倾向于对所受的教育提出质疑。高校学生在政治认知上的独立性从积极方面来看，由于他们敢于打破常规，善于创新，敢于实践，勇于探索，从而表现为一定的创造性。而“创新是一个民族进步的灵魂，是一个国家兴旺发达的不竭动力，也是一个政党永葆生机的源泉。”能否培养出大量的富于创新意识的创造性人才是衡量高等教育改革成败的重要标准。对于大学生在政治认知中因为思维的独立性而表现出来的创造性，是需要大加鼓励和提倡的。但是大学生的独立思维带来的不仅有创造性，还有因为青春期逆反思维带来的叛逆性特征。这种叛逆性主要表现为反传统反权威，在政治认知上有时会导致无政府主义。

大学生，尤其是一些名牌大学的学生，由于其成长和学习的经历比较顺利，自信心和自尊心较强、自我认同感较高，对自己的估价也较高。对于党建工作等政治色彩浓厚、理论性很强的教育，他们更是习惯于独立地、批判地看待，自主地进行判断，并依据自己所了解和掌握的政治信息，提出自己的看法和见解，以体现自身的价值。但高校学生通过各种渠道所掌握的信息并不全面，因而认识本身就带有不自觉的片面性。另一方面，对于高校学生党建工作而言，还处于不断完善、不断提高的过程中，也存在着不少的问题：如党校教学内容陈旧、枯燥、空泛，缺乏实效性和针对性；教学方法传统、单一，“满堂灌”普遍存在。学生所关注的最新时政信息，往往在课堂上得不到及时有效的介绍；学生所关注的社会热点、难点问题，在课堂上得不到正确合理的解释。因而部分学生对于思想政治教育，不仅不信服，反而喜欢挑毛病，通过课堂这一渠道得到的信息中的任何缺陷，都可能成为他们否定思想政治正面教育的理由，从而在政治认知方面表现出较强的抵触情绪和叛逆性，这给高校学生党建工作的顺利开展带来一定的难度。

3. 认知心理对大学生党建工作的影响

高校大学生政治认知心理上同时呈现出的趋同性和独立性两个看似对立的特征，其实并不矛盾。趋同性表现为大学生群体认知的共性特征，主要是整体观点、兴趣热点和思维方法的趋同；独立性则更多地表现为个体认知特征，这种特征既可能是积极的——创造性，也可能是消极的——叛逆性，因人因事因时而异。从大学生的发展阶段来看，低年级的学生趋同性表现比较突出，高年级的学生独立性表现比较突出。低年级学生对于事物的认识缺乏自己理性的思考，因而他们的政治认知会表现出一定的从众性、易受感染性以及依赖性。而高年级学生由于知识的积累和思维能力的提高，场依赖性相对减弱，场独立性逐渐增强，因而在对事物的判断上，会表现出一定的选择性和独立性。

事实上，独立性是绝对的，趋同性是相对的，没有个体的独立性也就无所谓群体的趋同性。群体认知的趋同性是在个体追求独立性的基础上形成的，而个体认知上的独立性则是群体认知形成趋同性的基础和前提。个体在追求独立性的同时，必然会呈现出许多共同的特征，从而表现出某种趋同；而当群体共识形成以后，又会刺激部分大学生独立思维的发展。

高校学生在日常的学习和交流中会形成一些集体，而集体一旦形成后又会对大学生的政治认知产生重要的影响，这主要表现在两个方面。第一，它会促使学生中思想热点的形成。在集体中，由于同学之间频繁的交往、交流、互相影响，各种信息的传播在集体中呈现出了迅速、及时、波及面广、影响深刻等特征，容易形成集中的热点。一些学生个人平时不太关心的事情，由于同学间的交流和传播，往往会成为普遍关心的事情。大学生在情感上会表现出热情很高但容易消减的特征。这一特征会使得思想热点在大学生中迅速形成，但与此同时，他们对事件关注的持续度却较低。一旦发生新的热点问题，就容易转向对新事件的关注，即思想上的热点容易消退。第二，它会使学生的情绪表达趋向一致。大学生集体中的舆论、风气、规范等会潜在地对学生产生一定的心理压力，因面容易形成“共振”，对某些问题的看法也易达成一致。所以，当大学生在集体生活中与其他同学交流、探讨社会热点问题时，就容易受其他同学的影响，当他们发现自己的意见和观点与其他同学不一致时，群体中潜在的心理压力便会促使他们改变自身的观点和看法，并尽量与其他同学保持一致。

高校学生在政治认知上所表现出的独立性，对大学生党建工作产生了深远的影响。一方面，大学生思维活跃，富于创造性，在分析问题时敢于打破常规，想前人之未想，容易形成许多新的观点，在学生党建工作中一旦加以合理引导，就会转化为政治理论学习的巨大动力。另一方面，建构在青春期逆反心理基础之上的叛逆性又使大学生本能地排斥任何理论说教，盲目追求标新立异，容易形成许多过于偏激的观点，从而给党建工作带来一定的困扰和挑战。这就要求党务工作者在对大学生开展政治教育时，既要鼓励大学生发挥创造性，同时也要因势利导逐步化解大学生的叛逆性给党建工作带来的负面影响。在鼓励大学生独立思考问题、培养独立思维能力的同时，也要向他们提出问题，促使他们更深入地思考，从而达到提高思想水平的目的。

（二）认知过程：稳定性与多变性同在

高校学生在具备了一定的心理认知基础之后，就开始了政治认知过程。这种认知过程既不是匀速直线上升也不是匀速水平推进的，而是同时呈现出变与不变的矛盾特性，从而推动高校学生的政治认知过程呈现出波浪似推进和螺旋式上升的矛盾运动。

1. 稳定性的表现及其成因

高校学生政治认知过程中的稳定性主要体现在两个方面：一是大学生对政治理论问题的认知已经不再满足于在感性层面，大学生已经具备了透过现象抓住本质的能力，从而形成了某种程度的理性认识，表现为认识的深刻性；二是大学生虽然具备了一定的理性思维，但由于思想上还不够成熟，一旦形成关于政治理论问题的某种认知，就很难改变，从而表现为某种思维定势，在方法论上容易沦为形而上学，在分析具体问题时容易受教条主义的束缚。

导致高校学生政治认知呈现出稳定性的原因主要有三个方面。一是长期以来坚持思想政治教育的结果。改革开放以来，我国建立了从小学到大学一整套完备的思想政治教育体系，从小就向他们灌输马克思主义的世界观和方法论，经过多年的思维训练，大部分学生都培养了一定的抽象思维的能力。二是宣传思想工作成效显著。我国的新闻传媒是党的喉舌，新闻报道大多比较客观公正，本着实事求是的原则展开宣传，既不盲目夸大成绩，也不回避现实问题。长期成长在这样的社会氛围中，大学生耳濡目染，渐渐接受了主流价值观的熏陶，宣传思想工作的一致性使得大学生对政治理论问题的认知也相应地表现出稳定性的特征。三是从大学生自身来看，身心发育渐趋成熟，基本上能够做到全面、联系、发展地看问题，能够透过现象认识事物的本质，能够自觉地用矛盾的观点分析思考政治理论问题。

2. 多变性的表现及其成因

高校学生政治认知过程中的多变性是指高校学生对政治理论问题的认识，总是随着摄入信息量的增加，随着自身实践经验的累积，不断地由片面走向全面，由感性走向理性，由肤浅走向深刻，从而呈现出一个变化发展的过程。高校学生在政治认知上的多变性主要表现为以下三个方面。一是大学生对政治理论关注的兴趣点经常会改变，这种改变往往与社会热点的改变相一致，即社会热点的改变引发了大学生兴趣点的改变。二是大学生对政治理论问题的看法也会经常改变，这种改变与社会舆论的导向密切相关，即大学生的政治认知极易受到社会舆论的影响，随着社会舆论的改变而改变。三是大学生的思维模式呈现出某种灵活多变性，他们对政治问题的认知不愿遵循既有思路，主观随意性较强。

大学生在政治认知过程中呈现出的多变性从根本上讲是由大学生认识结构的不稳定造成的。高校学生的认识能力受时代条件的限制，受自身立场、观点、思维能力、知识水平等因素的制约，他们对政治理论问题的正确认识和把握有一个长期的过程。这正如恩格斯所说，“从历史的观点来看，……我们只能在我们时代的条件下进行认识，而且这些条件达到什么程度，我们便认识到什么程度。”因而，高校学生对思想政治教育的认识，总是随着摄入信息量的增加，随着自身实践经验的累积，不断地曲折反复。但与此同时，大学生在不断地反复认识过程中，也会逐渐改变其既有的思想政治观念，特别是当他们自身参与了社会实践后，更是结合自身的亲身体验，不断地深化认识或者改变已有的观点。如每年的寒暑假都是学生思想认识变动的重要节点。假期中大学生通过各种同学聚会、走亲访友、新年活动等，接触到大量的同学、亲戚和朋友，接受的信息量也大为增加，彼此之间的探讨交流也增多。各种思想和观点相互碰撞后，大学生就容易对先前形成的看法和观点产生置疑，甚至否定，认识就会表现出明显的波动。总的来看，大学生对政治理论问题的认知带有一定的变动性，这种变动性是认识过程的常态，也是认识发展的必然，每经历一次改变，大学生的思想觉悟和政治理论水平就会上升一个层次，他们的世界观、人生观和价值观也随之向着党建工作要求的方向发展。

3. 认知过程对大学生党建工作的影响

大学生政治认知过程中的稳定性和多变性也是一组矛盾统一体。稳定性是指大学生整体认知过程中表现出来的深刻性、固定性和长期性的特征，多变性是指大学生个体认知过程中呈现出的变动性和反复性。多变性是绝对的，稳定性是相对的。没有稳定也就无所谓多变，稳定是多变的前提和基础。无数个个体认知的多变性中总会在整体上呈现出某种相对静态的趋势，从而表现出一定的稳定性。同时，稳定也是相对的，绝对稳定不变的认知是不存在的。

高校学生政治认知过程中呈现出的稳定性特征是开展大学生党建工作的重要基础，要通过各种途径培养大学生的理性思维，不断改善他们的认知能力和认知水平。要确保大学生思想政治教育进教材、进课堂、进大脑，使他们牢固确立起马克思主义的世界观，与此同时，也要避免思维定势和教条主义的倾向，注意发挥大学生认知过程中灵活多变性的一面，鼓励大学生敢于打破常规，多角度分析研究社会问题。要针对大学生政治认知过程中多变性的特点，引导大学生关注更多的国计民生问题，培养他们忧国优民的家国情怀和敢打敢拼的实干精神。要把握好对大学生开展党建工作的时机，抓住大学生思想反复的节点，正确加以引导，推动大学生的认识向前发展。

（三）认知状态：主动性与被动性并存

高校学生政治认知状态是指大学生在接受思想政治教育的过程中所呈现出的主动或被动的程度与趋势。研究表明，当代大学生在政治认知方面既有主动性的一面，也有被动性的一面，因而呈现出主动性与被动性并存的状态，这对高校学生的党建工作产生了深远的影响。

1. 主动性的表现及其成因

大学生政治认知状态上的主动性是指大学生总是根据个人立场观点和兴趣爱好选择性地学习政治理论。大学生在政治认知状态上的主动性主要表现为主体的选择性，这种主体选择性又具体体现在两个方面：一是大学生即使在没有任何外来压力的情况下也会根据个人的需求和兴趣爱好选择部分政治理论热点予以关注，对自己不感兴趣的话题和信息则忽略不看；二是大学生总是倾向于选择支持和自己立场相一致或大致相同的观点，对与自己观点不同甚至对立的信息则兴趣不大。大学生在政治认知状态上之所以会呈现出上述特点，主要源于以下两个原因：一方面从客观环境看，随着现代传媒的发展，各种信息借助于网络、手机实现了及时传递，在这样一个信息爆炸的年代里，想掌握所有的海量信息既无必要，也无可能。另一方面从认知主体来看，每个大学生的兴趣点都不相同，他们总是倾向于选择自己感兴趣的问题予以关注。

2. 被动性的表现及其成因

高校学生党建工作的性质决定了每个大学生党员都必须完整地接受马克思主义理论教育，教育的内容和观点不能由大学生随心所欲地选取，这就决定了大学生政治认知又具有一定的强制性和被动性。大学生在政治认知状态上的被动性主要体现在以下四个方面：一是思想政治教育内容本身不能由大学生来决定有无，带有一定的强制性，即所有在校大学生都必须接受政治教育；二是思想政治教育的基本内容由教育主管部门设定，不能完全由大学生自由选取；三是思想政治教育的指导思想只能是马克思主义，基本观点必须符合马克思主义，无论教育者还是被教育者对此都不应有任何质疑；四是有些高校还为大学生党员理论学习指定了参考书目，有的还规定了教育的形式，这些对于大学生来讲也是无法选择的。

教育既是权利，同时也是义务。大学生思想政治教育并非可有可无，而是关系到培养什么人的大问题。因此，任何国家的任何政府都不会放松对青年的思想政治教育，都把向青年特别是青年大学生灌输主流价值观作为重中之重来抓。作为大学生，其活动场所主要是学校，在这里，他们不仅要接受知识文化与技能教育，还要接受政治观教育。政治观教育正是教育者通过教育活动，把社会所提倡的主导的政治观转化为受教育者个体的政治品德，也就是使受教育者形成社会所需要的政治品德和政治行为。无论是在校内，还是在校外，大学生的政治认知都要受到社会所提倡的主导政治观的影响，他们接受的只是社会的主导政治观，不能自由选择，具有一定的被动性。

3. 认知状态对大学生党建工作的影响

大学生在政治认知状态上同时呈现出主动性和被动性的特点表面上看是互相冲突、互相矛盾的，但两者也有统一的地方。主动性和被动性是针对不同内容而言的，主动性主要针对认知主体而言，被动性主要针对认知客体而言。被动性离不开主动性，马克思主义的理论灌输离不开学生主观能动性的发挥；同时主动性也离不开被动性，大学生党建工作必须坚持马克思主义为指导，才能保证正确的政治方向。

正确认识高校学生在政治认知状态上呈现出的主动性和被动性，科学把握两者之间的辩证关系，关键是做到以下三点：一是在开展对大学生党建工作时，必须坚持马克思主义为指导，向大学生灌输正确的理论观点；二是在开展学生党建工作时必须要适当考虑学生的意见和建议，调动大学生学习马克思主义理论的主观能动性；三是在综合平衡中把握主动性和被动性的关系，避免走极端。

（四）认知导向：一元性与多样性交织

高校学生政治认知是在一定的思想导向指引下进行的，这种认知导向不仅直接影响到大学生党建工作的效果，而且从根本上讲关系到培养什么样的人的问题。综合分析当代大学生思想实际，不难发现高校学生在政治认知导向上呈现出一元性和多样性交织的特点。

1. 一元性的表现及形成原因

所谓一元性主要是指高校学生党建工作的指导思想只有一个，那就是马克思主义，教育的目标也只有一个，那就是用马克思主义中国化的最新理论成果武装大学生的头脑。高校学生政治认知导向上的一元性从根本上讲是由我国的国家性质和社会制度决定的。我国是人民民主专政的社会主义国家，这就从根本上决定了我国意识形态领域必须坚持马克思主义为指导，而不能搞意识形态多元化。我国的教育事业不仅要培养专业技术人才，更要培养出社会主义的合格建设者和可靠接班人。高校学生党建工作作为思想政治教育的基本形式之一，肩负着培养又红又专接班人的重任。这就决定了高校学生党建工作必须坚持马克思主义为指导，必须持之以恒地向大学生灌输马克思主义。

2. 多样性的表现及形成原因

所谓多样性是指大学生政治理论认知视角多维，分析问题的思路多样，对具体问题的认知千差万别。虽然大学生的政治认知方向总体上是正确的，但尚处在肤浅层面，他们对现实政治问题和政治现象的认知还不够深入，还存在许多模糊的观念。这既与大学生自身的不成熟有关，又与他们在思想观念上受“实用主义”“自我化”和西方民主思潮的消极影响分不开。对于政治问题，他们多从现实生活和自身的实际利益中去认识、理解和分析，而对政治理论学习表现得相对冷漠，其政治认知非常直观。由于任何认识活动都是个体主动的建构，因此即使是同样的内容，不同的个体也完全可能由于知识背景和思维方法等方面的差异而具有不同的思维过程，也即表现出一定的差异性或个体特殊性。这就要求思想政治工作者不能停留于对认识共性的普遍认识，而应更加深入地去了解各个学生的特殊性。

3. 一元性与多样性对大学生思想政治教育的影响

高校学生在政治认知导向上的一元性和多样性特征是一个矛盾对立统体。首先，一元性与多样性相互对立。在指导思想上坚持马克思主义，就内在地排出了意识形态多元化的可能。其次，两者之间也有联系。当多样性不再与意识形态挂钩，就可以与一元性并存不悖，相得益彰。一元性是多样性的前提，多样性是在一元性指导下的多样性。两者之间辩证统一。具体到高校学生党建工作上来说，坚持马克思主义一元性指导思想，并不排斥借鉴心理学、教育学、社会学等学科的最新研究成果，相反，为了推动高校学生党建工作的顺利开展，在坚持马克思主义指导思想地位的同时，必须大胆借鉴一切优秀成果。正确处理好一元性和多样性的关系，就必须做到在一元性中体现多样性，在多样性中把握一元性。

针对大学生认知导向的一元性和多样性特征，高校在开展学生党建工作中要努力做到两点。一是要坚持指导思想一元化的原则，始终坚持和巩固马克思主义在意识形态领域中的指导地位。随着改革开放的日益深入和网络资源的高度共享，大学生认知导向的多元价值性更加突出，在这种状况下，我们应当坚持价值观教育的一元导向，在坚持主导前提下促进多样化的发展，保证价值观呈现生动活泼的局面。另一方面，在充分了解大学生价值观现状的基础上，运用辩证的方法进行价值评价，在开放与宽容之中加强价值的筛选和滤导，引导学生吸纳合理化程度较高的意识观念，缩短学生在学校中的理念价值与在社会中的经验价值之间的距离。二是针对大学生认知导向的多样性，提供个性匹配策略。大学生认知导向的差异，主要体现在认知表征与认知加工这两个维度上，所以党务工作者可以根据日常对学生言行举止的观察，分析学生可能具有的认知风格。在观察分析时要注意：一要细微，要留意从学生感知、记忆信息时的微观表现中收集资料进行分析；二要善于综合，不能以为学生的认知风格是纯而又纯的，而对号入座，事实上很多人的类型特征是混合的。必须根据观察分析提出假设和尝试，并进一步验证探索，然后根据不同的认知风格设计不同的思想政治工作匹配策略。

二、影响大学生政治认知的外部环境因素

高校学生政治认知不仅受自身主观因素的影响，同时也受外在因素的制约，

这些外在因素概括起来主要包括家庭、学校和社会三个方面。其中，家庭是大学生接受政治观教育的最初渠道，学校是大学生系统接受政治教育的主阵地，社会是大学生获取政治信息的主要途径。科学分析影响大学生政治认知的外部环境因素，对于深入系统地开展大学生党建工作具有基础性意义。

（一）家庭环境对大学生政治认知的影响

家庭是大学生成长过程中的第一驿站，同时也是大学生接受政治观教育的最初渠道。大学生会不自觉地把在学校接受的政治观教育与家庭对形势与政策的感受和判断加以对比，如果两者相符合、相一致，大学生就会坚信学校的教育，从而进一步增强学校政治教育的效果。如果经过对比，发现明显不一致，甚至和家庭的感受截然相反，大学生就会质疑学校教育的可信度，从而对大学生党建工作产生消极的影响。经过多方调研，不难发现，家庭对大学生政治观形成的影响主要通过以下两种方式发生作用。

家庭成员的价值观为大学生政治观的形成奠定了情感基础。一般来说，家庭成员是大学生情感上最亲近的人，父母是大学生成长过程中的首任教师。由于天然的血缘联系和后天的亲情养育，孩子对父母的信任是任何人都替代不了的，父母的价值观会通过自身的言行自觉或不自觉地传导给子女，使其在思想观念和价值体系上与父母趋于一致。家庭背景以及建立在此基础上的家庭教育对大学生世界观、人生观和价值观形成的影响至关重要。正是在这种意义上，福禄贝尔说："国家的命运与其说是掌握在当权者的手中，倒不如说是掌握在母亲的手中。"有关调查数据充分证明了这一点。

根据"大学生日常思想政治教育实效性研究"课题组的调查，大学生认为对个人思想观念影响最大的因素依次是家庭成员（66.3%）、社会风气（38.5%）和学校氛围（33.4%），如表5-1所示。对大学生影响最大的人依次是父母（76.6%）、朋友（6.2%）、老师（4.9%）、其他人（4.5%）。

表 5-1　对大学生思想观念影响最大的因素

因素	家庭成员	学校教育	朋友	电台报纸	网络	学校氛围	法律制约	社会风气	制度约束	所学专业	其他
人数（n）	4116	1416	1719	294	424	2075	214	2389	236	571	168
占比（%）	66.3	22.8	27.7	4.7	6.8	33.4	3.4	38.5	3.8	9.2	2.7

家庭是对大学生思想观念影响最大的因素，这一点还可以从大学生信仰宗教的原因得到印证，如表5-2所示。"大学生日常思想政治教育实效性研究"

课题组的调查显示：有 47.9% 大学生信仰宗教是因为受到了家人邻居的影响；23.8% 的学生是自己主动了解并信仰的；14.6% 的学生是受到同学或朋友的影响；28% 的学生很难说清楚自己信仰宗教的原因。

表 5-2　大学生信教的原因

原因	受家人邻居的影响	受同学朋友的影响	受教师的影响	宗教宣传组织的影响	自己主动了解并信仰的	偶然原因很难说清楚
人数（n）	537	164	45	50	266	314
占比(%)	47.9	14.6	4.0	4.5	23.8	28.0

从以上两项调查不难发现，家庭成员的价值观的确影响到大学生价值观的形成。这一点可以从现实大学生思想政治工作得到印证。每年的寒暑假都是学生思想认识反复的重要节点，从每年的大学生返乡思想动态调研不难发现，大学生对于各种社会热点问题的认知与假前有显著不同。有的因为政治教育与家庭感受相符合、相一致，因而得到大学生的广泛认同，而有些政治教育内容由于与家庭感受明显不同，给大学生思想上造成了很大的困惑。

（二）校园环境对大学生政治认知的影响

家庭教育对大学生思想状况和价值体系的形成虽然影响巨大，但其本身也有许多局限性。一是少数父母自身思想觉悟不高对子女疏于教导，更有甚者对子女灌输消极有害的错误认识，误导子女；二是部分父母虽然具有较高的思想觉悟，但受制于自身的教育水平，无法给子女以系统的思想教育；三是虽然有的家长具有较高的思想觉悟和教育水平，但由于这部分家长大多社会地位较高，工作事务繁忙，难以保障教育的时间。在这种情况下，学校教育的优越性就充分体现了出来。学校教育不仅弥补了家庭教育的不足，也弥补了传统私塾教育的不足，成为了大学生系统接受马克思主义教育的主要场所。学校教育对于大学生政治认知的影响主要体现在以下四个方面。

1. 校园文化为大学生政治认知提供了精神土壤

广义的校园文化包括校园物质文化、精神文化和制度文化三个方面，狭义的校园文化专指精神层面。为研究方便，本节取其狭义。校园精神文化建设是校园文化建设的核心内容，也是校园文化的最高层次，它主要包括校园历史传统和被全体师生员工认同的共同文化观念、价值观念、生活观念等意识形态，是一个学校本质、个性、精神面貌的集中反映。校园精神文化又被称为“学校精神”，并具体体现在校风、教风、学风等方面。校园文化对大学生政治认知的影响主要体现在两个方面。

一是校园的政治文化氛围影响到大学生的政治热情。中国是一个地大物博的国家，两千多所高校星罗棋布地分布在 960 万 m2 的土地上。中国文化多元一体的特性决定了每所高校的校园文化氛围都或多或少地受到所在地区文化的影响，因而呈现出不同的特点。如北京作为政治文化中心，高校校园政治文化氛围相对比较浓厚，几乎每所大学都有学生自发成立的政治理论社团。北京师范大学历史系本科生甚至自发成立了形势与政策学习小组，他们通过个人自学、小组集体学习、集体备课，给全校本科生开讲形势与政策课，收到了意想不到的效果，这种带有朋辈辅导色彩的自学自教模式一度引起教育界的广泛关注。与之相比，南方沿海地区高校远离政治文化中心，校园政治文化氛围淡薄，由于地处沿海开放前线，校园商业文化氛围相当浓厚。如同属北京师范大学的珠海分校，校内绝大多数店铺经营者都是在校生或毕业生，该校学生毕业首选是经商，这与北方高校学生热衷于报考公务员形成了鲜明的对比。

二是高校不同的学科类型和专业背景对大学生政治认知也有明显的影响。一般来说，文科类高校大学生政治关注度显著高于理工科高校，人文社科类专业的学生政治关注度显著高于理工类学生。这一点在计划经济时代表现得尤为突出，肇端于 20 世纪 50 年代初的院系调整，盲目照搬苏联教育模式，打破传统学科分类，将很多综合性大学肢解成单科类大学，从而影响了大学生的全面发展。特别是一些定位为理工类的高校，由于人文社会科学专业大量迁出，导致学校人文氛围和政治氛围日益淡薄，间接影响到大学生的政治认知。改革开放以后，中国高校日渐摆脱了苏联教育模式的束缚，不少单科类院校通过恢复传统学科或校际合并，重新成为综合性大学。但由于长期的历史积淀，原有学科特点仍有相当大的影响。在一些文科优势较为突出的高校，大学生对政治的关注度依然显著高于其他学科类型的高校。

2. 高校通过开设思想政治理论课或各种类型的政治理论讲座直接培养大学生的政治观

高校思想政治教育主要有两种形式，一是思想政治理论课教学，二是举办政治理论专题讲座。此外，为了提高政治教育的效果，高校一般同时还编订下发理论学习资料、光盘等课外辅导资料。通过各种形式的思想政治教育，高校直接向大学生灌输马克思主义的世界观、人生观和价值观。

目前高校开设的思想政治理论课共有四门："马克思主义基本原理概论""毛泽东思想和中国特色社会主义理论体系概论"　"中国近现代史纲要"　"思想道

德修养与法律基础”，这些课程都属于必修课，教师主要来自思想政治理论课教师或机关思想政治工作者（多为兼职），教材全国统一编订，教学方式主要是课堂讲授。思想政治理论课的开设意义在于可以系统地向大学生灌输马克思主义理论，并确保思想政治教育的全员覆盖。缺点是教育形式略显单调，缺乏互动，难以调动大学生学习的主观能动性，教育效果直接受制于授课教师自身的水平。

除了思想政治理论课之外，高校还通过政治理论专题讲座、参观访问、社会实践等形式对大学生进行间接的思想政治教育。这种教育方式的优点在于教育形式灵活多变，不拘一格，形式多样，增加了互动环节，调动了学生参与的积极性和主动性，容易吸引学生，并且节省了教育资源，降低了教育的成本。“大学生日常思想政治教育实效性研究”课题组的调查数据也充分证明了这一点。调查显示：在大学生最喜欢的进行思想政治教育的方式中，选择社会实践活动的最多（39.9%），其次是看电影演出等（26.6%），再次是专家讲座（14.5%），选择上思想政治理论课的比例仅为4%。比较不同性别和不同年级学生所喜欢的思想政治教育方式，发现男生更喜欢专家讲座的方式，而女生更喜欢社会实践活动、看电影演出等活动。从不同年级来看，随着年级的增高，喜欢专家讲座和社会实践活动的学生比例也不断增长，而喜欢看电影演出的学生比例不断减少。这种教育模式的缺点是教育的随机性和不确定性增加，难以做到政治教育的全员覆盖，并且无法保证教育的效果。

（三）社会环境对大学生政治认知的影响

如前所述，学校是大学生系统接受政治观教育的主阵地。大学生通过课堂教学、时事报告、参观访问等，认识和接受各种政治信息，并在一定程度上形成了自己的政治观。但这样的观念远没有稳定和成熟。一方面，当事态的发展和趋势与所学理论，所形成的观念相一致时，他们的政治观会进一步得以巩固。但在另一方面，尤其是当所学理论，以及所形成的观念与现实社会相差甚远，甚至截然相反时，他们先前接收的教育和观念就十分容易动摇，甚至思想走向极端以至于完全否定先前所接收的教育。因此，政治理论教育对于学生思想观念的形成固然重要，但当学生走出校园，接触社会现实，面对社会种种负面信息和现实时，亲身的经历和体验就会成为他们思想观念波动的重要影响因素。社会作为大学生获取各种信息的主渠道，对大学生政治认知的影响主要体现在以下两个方面。

1. 社会提供了大学生政治认知的主要素材

社会提供的大学生政治认知的主要素材从大的方面讲主要有三个：社会矛盾、社会思潮和社会舆论。这三大素材对大学生政治认知的影响各有侧重，总的看来，社会矛盾的激化引起了大学生对时政问题的关注，社会思潮的活跃促进了大学生对政治理论问题的思考，而社会舆论的导向则影响了大学生对政治形势的判断。

（1）社会矛盾的激化引起大学生对时政问题的关注

在社会主义初级阶段仍然存在两种不同性质的矛盾，即人民内部矛盾和敌我矛盾。一方面，随着改革的深入，社会各阶层分化日益严重，人民内部不同阶层之间的利益冲突时隐时现。国际经验表明，当人均 GDP 从 3000 美元增长到 10000 美元之间时是社会矛盾的凸显期，主要表现为贫富差距加大，腐败盛行，群体性事件层出不穷。与此同时，随着高等教育事业的发展和高等教育大众化时代的来临，高校与社会的联系日益紧密，大学生不再是封闭于象牙塔内的天之骄子。各种社会问题在高校也有不同程度的反映，有些问题甚至影响到了大学生的切身利益。在这种背景下，大学生对时政的关注度超过了以往任何一个历史时期。另一方面，西方敌对势力一直没有放松对中国的渗透，他们不仅通过扶植代理人公开反对中国共产党的领导，妄图从内部颠覆社会主义政权，而且在中国周边不断挑起事端，对中国政府施加压力，敌我矛盾随时有激化的可能。这些无疑也吸引了思维活跃且饱含爱国热情的大学生的关注。

（2）社会思潮的活跃促进大学生对政治理论问题的思考

随着经济全球化进程的加快，西方各种社会思潮和价值理念大量涌入国门，西方敌对势力及其在华代理人利用广播、电视、网络等各种媒体宣传资产阶级的价值观念，大肆宣扬民主社会主义、新自由主义和普遍价值论，美化资本主义的所谓“自由”“民主”政治制度。与此同时，在西方文化的强势冲击下，我国优秀传统文化有被步弱化的趋势，民族文化虚无主义抬头，“躲避崇高”“告别革命”的消极论调一度甚嚣尘上。此外，随着市场经济的深入发展，泛市场化意识被强化，大众文化和消费主义浪潮兴起。大量具有娱乐性、商业性、消费性的文化产品渗透进高校学生的日常生活，社会上的一些腐朽的价值理念与丑恶现象在高校也有所反映，利已主义、金钱主义、享乐主义等思想意识应运而生，并迅速蔓延。大学生正处于人生观、价值观和世界观确立阶段，对于各种社会思潮的优劣缺乏深刻的辨别力。在经历了价值选择的多样性、价值判断的矛盾性、价值评价的混乱性后，原有价值体系已经失去了主导地位，而新的价值体系尚未建立，于是具有强烈自我意识的大学生便开始关注各种社会思潮，这在一定程度上促进了大学生对各种政治理论问题的思考。

（3）社会舆论的导向影响大学生对政治形势的判断

如前文所述，大学生在政治认知方面的一个重要特点是趋同性。这在现实生活中主要表现为大学生容易受到社会舆论的感染。当社会舆论对党和政府的决策评价较高时，大学生的评价也大多比较积极，相反，如果社会舆论的评价多为负面时，大学生的政治认知也会相应呈现出消极的一面。如中央宣传部舆情局的调查显示，中国社会各阶层当中信仰马克思主义（中国特色社会主义）的人口比例五年来均超过被调查人口总数的30%，远高于其他信仰的总和，马克思主义始终是当今中国最具影响力的信仰。而教育部大学生日常思想政治教育课题组的调查显示，有44.8%的大学生认为中国特色社会主义能够实现；超过60%的学生认为坚持走中国特色社会主义道路是绝大多数中国人的根本利益所在，是历史的选择。这显然与社会舆论的导向密切相关。

2. 互联网是社会影响大学生政治认知的主要途径

大学生由于自身的学习生活环境所致，直接接触社会的机会并不是很多。随着信息技术的迅猛发展，互联网的日益普及，以校园信息网络为基础的“数字化校园”建设已覆盖校园的每一个角落。网络应用遍及学校教学、科研和管理的各个环节，各种先进的信息化手段和工具，将现实校园的各项资源信息化，形成一个数字的虚拟空间，使得现实校园在时间和空间上延伸开来，深刻地影响着大学生的学习、工作、生活和思维方式。高校学生通过网络、手机等现代传媒接触到了大量的社会信息和思想观念，真正做到了“秀才不出门，全知天下事”。这对大学生的政治认知产生了深远的影响。

（1）现代传媒为大学生获取信息提供便捷通道

教育部部长袁贵仁在2005年全国高校辅导员班主任骨干培训班上的讲话中曾经指出：“调查显示，几乎所有的大学生都相当熟悉网络。80%的学生认为网络给他们带来了开阔的视野和对外广泛联系的便利，对专业学习和增进友谊也有禅益。62%的学生把网络作为获取信息的主要途径，40%左右的学生把网络‘BBS’和‘聊天室’作为校园里发表言论、交流感情的最主要场所。一些大学教师认为，校园BBS成为大学生在校园里仅次于与同学、朋友面对面交谈和发表言论的另一个主要渠道。”

“大学生日常思想政治教育实效性研究”课题组的调查数据也证明了这一点。该调查发现大学生在日常生活中获取信息的最主要渠道依次是网络（78.7%）、报纸杂志（51.2%）、同学朋友（43.5%）、电视（40.5%）。详见图5-1。比较不同年级在获得社会信息主要渠道方面的差异，发现在使用网络渠道获得社会信息方面，随着年级的升高其比例不断加大；而在其他各种渠道中，趋势随着年级的升高而比例在不断地下降。网络在大学生生活中的作用已经越来越大。详见图 5-2。这一方面说明网络已经成为大学生日常生活的重要组成部分，另一方面也充分说明校园网络可以也应该在大学生政治认知方面发挥重要作用。

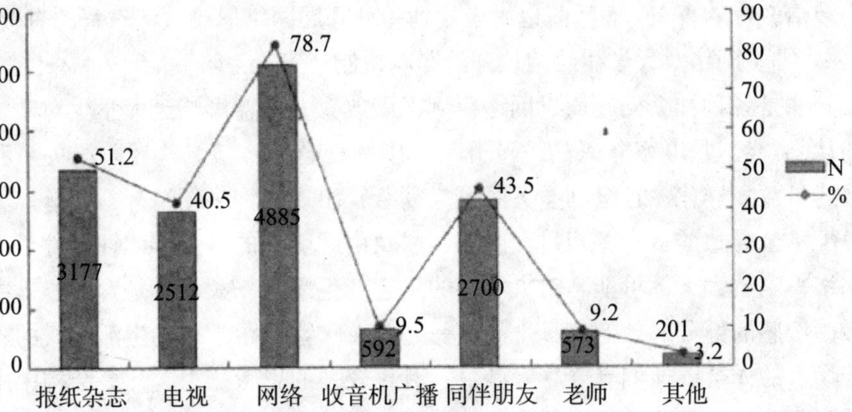

图 5-1　大学生获取社会信息的主要渠道图示

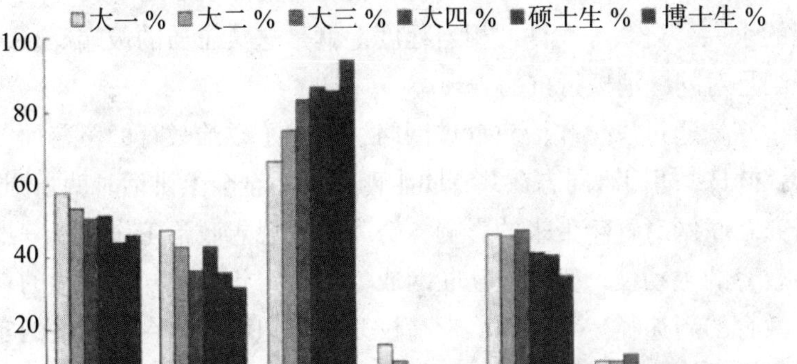

图 5-2　不同年级学生获取社会信息的主要渠道图示

（2）网络成为大学生获取信息主要途径的原因

首先，网络交际中较少有权威，为大学生的个性张扬创造了契机，约束的消除在解放了人性的同时也实现了真正的平等。大学生可以在网上尽情展现自己，宣泄自己，不需要任何顾虑，不必担心会泄露自己的隐私，因而，网络交往会使大学生获得交往的成就感和满足感，提供他们一个安全的释放空间。其次，信息的多媒体化是网络时代的重要特征，集文字、声音、图像、视频为一体的多媒体信息会带来多重感官刺激功能，给人带来的是更强的视觉冲击力、更丰富的内容展示力、更好的受众亲和力。当然，网络的超现实性和刺激性对于青年学生来说具有极大的诱惑力，从而产生了一系列问题，如网络游戏、成人网站、网恋等成为大学生政治认知的绊脚石，QQ、MSN、博客、BBS 等成为政治教育的盲点。而目前也尚未找到一种开展网络思想政治教育的有效方式。

（3）网络对大学生政治认知的影响机制

一是各种社会问题通过网络得到无限放大，日益影响到大学生对政治问题的认知。经过 40 多年来的改革开放，中国社会的经济结构、阶级关系和分配方式日益多样化，社会利益关系更为复杂，出现了许多新情况新问题。如社会分配不公导致的贫富差距过大问题，以及由此引发的各种群体性事件等，经过网络得到放大，不可能不对大学生的思想产生影响。大学生是青年群体中思想最为敏感的部分。他们整日生活在一起，对贫富差距带来的生活方式的不同有着切身的体会。他们受着高等教育，有比较强的思考能力，社会结构中出现的城乡差距、贫富差距、阶层分化等问题，必然会对他们的思想产生冲击，思索认识层化现象不可避免。他们还承受着学业、就业、世俗舆论等方面的压力，极易产生不和谐。当压力超过一定限度时，就有可能出现矛盾冲突。近年来高校频频出现的杀人、自杀等案件，相当程度上就是这类矛盾的极端反映，信教人群的增多则是对问题消极抵抗的表现。

二是不少高校通过思想政治教育进网络，拓宽了政治教育的覆盖面。早在 2000 年 12 月 20 日，胡锦涛同志在共青团十四届四中全会上讲话时就强调："特别要认真研究互联网对青年带来的影响，努力建设思想政治工作的新阵地，打好网上宣传教育的主动仗，努力使互联网成为广大青年获取知识信息的新窗口和接受思想教育的新途径。"此后不少高校开始思想政治教育进网络的实践，几年下来，形成了许多宝贵的经验。如天津大学在"天外天"网站建设了网上政治理论和形势政策考试系统，将每个学期大学生的思想政治理论和形势政策学习效果通过网上考试系统进行考核。该校将该网络考核系统成绩与"形势与政策"必修课成绩挂钩，实现了思想政治理论和形势政策学习的全程覆盖和全员覆盖，该校还在"天外天"网站开发了一套网上申请入党校培养系统，通过网上单元测验和网下闭卷考试的方式对入党申请人进行党的历史、党的基本知识、党的基本理论和形势政策教育，实现了申请人培养的 100% 覆盖。

3. 社会实践是大学生深化政治认知的有效方式

从广义上讲，大学生的社会实践包括课程学习中的社会实践、校园社会实践和校外社会实践三种基本类型，从狭义上讲仅指校外社会实践。在某种意义上，课程学习中的社会实践等同于课堂教学，校园社会实践等同于校园文化活动，为了研究的方便，这里的社会实践取其狭义，即校外社会实践。大学生校外社会实践是人们最为熟悉、普遍接受、广泛开展、日趋成熟、长期占主导地位的社会实践类型。它是按照党的教育方针和学校的培养目标，有目的、有计划、有组织地引导大学生走出校园，走进社会，联系群众，深入实际，了解国情社情，"受教育、长才干、作贡献"的一系列物质与精神活动过程的总称。

（1）社会实践对大学生政治认知的意义

社会实践是大学生直接接触社会、了解社会的主要途径，对于大学生政治认知具有突出的现实意义。首先，校外社会实践是党、国家、学校和社会各界长期高度重视的大学生社会实践类型，是教育与社会生产相结合、大学生与人民群众相结合并充分体现教育使命和大学生使命的实践活动，因而被赋予高度的社会责任意义和政治使命意义。其次，它是大学生走出象牙塔走进社会的实践活动，它以最社会的方式促进着大学生的学习、成长和社会化，是大学生直接体察社会，真正了解社会，适应社会，走进社会所不可替代的社会实践类型。最后，它以宏大的社会平台为依托，较之课程学习中的社会实践和校园社会实践具有突出的开放性、更大的复杂性和风险性。大学生通过社会实践将在学校学到的政治理论知识与现实社会相对照，如果理论与实践相一致，就会进一步增强政治教育的效果。如果理论与实践相背离，则势必会激发大学生进一步思考社会问题，于是便会促进大学生政治理论学习向深入发展。

可见，大学生实践活动，是架通理论与实践的桥梁，是了解社会、体察民情和验证理论的场所，具有认识作用、锻炼作用和教育作用。有关调查数据也证明了这一点：68.6% 的学生认为参加社会实践活动能够有效地提高自身的能力，其他依次是自学（458%）、兼职（38.4%）、参加社团活动（37.7%）等。在学校开展的哪些活动项目中，68% 的学生认为社会实践活动使自己受益最多，其他依次是校园文化活动（46.4%）、学生社团活动（33.9%）等。在参加实践活动的目的方面，依次是学习知识、锻炼能力、多交朋友、为找工作增加资本、展示才华等。

（2）社会实践对大学生政治认知的影响机制

大学生校外社会实践活动，按照实践目的和方式的不同可以分为调查性实践活动、服务性实践活动和生产性实践活动等三大类型，如果进一步细分，大学生社会实践又可分为社会调查、志愿者服务、勤工俭学、生产实习、挂职锻炼等五种具体形式。各种类型的校外实践活动都对大学生政治认知产生了积极的影响。

社会调查是大学生运用特定的方法和手段，从社会现实中收集有关社会事实的信息资料并对其做出描述和解释的一种自觉的社会认识活动。具体如时代建设成果考察、典型历史专题体验、走访英模热点人物、社会热点调查、行业调查等。社会调查使大学生获取了大量感性材料，对于他们全面提高政治认知的水平具有明显的帮助。

校外志愿者服务是学生走出校园，志愿投身社会服务的系列活动。具体如青年志愿者扶贫接力计划、大学生志愿服务西部计划、三下乡活动、留守儿童关爱行动、共建和谐社区志愿服务行动、大型经济体育文化活动，以及社会公共活动场所志愿者服务等。调查显示，在学生感兴趣的组织团体中，志愿者协会最受欢迎，选择比例高达 51.5%，其他依次是体育健身协会（47.5%）、中国共产党（44.4%）、同学同乡会（23.0%）、外语科技协会（22.0%）、合唱舞蹈话剧等演出协会（20.6%）。与社会调查相比，大学生志愿者服务已经不再停留在认识世界的层面上，而是在改造客观世界的同时改造主观世界。

勤工助学是指高校在籍学生在校期间利用业余时间从事有利于培养学生劳动观念、自主意识和吃苦耐劳精神以及与专业学习相结合的科技文化服务或者其他工作，并通过合法劳动服务获取一定报酬的劳动。具体如家教、兼职打工等。勤工俭学是大学生接触社会的独特形式，通过勤工俭学，大学生可以近距离观察了解社会，学到在课堂上所学不到的知识。

生产实习是在学生已学习了专业基础课和部分专业课后进行的理论联系实际、与生产相结合的系列实践活动。生产实习可以看作为大学生正式步入社会所做的“热身运动”，通过生产实习，大学生可以更加深入地了解就业形势，端正就业态度，确立就业目标。

挂职锻炼是近年来高校新兴起来的一种社会实践形式，大学生、研究生在政府和学校的组织引导下通过到政府机关和企事业单位开展一段时间的挂职锻炼，积极参与挂职单位日常管理、业务实习、科技推广、学习宣传和文化卫生建设等活动，在条件允许的情况下，积极争取和依托大学的多方面资源，为挂职单位解决力所能及的实际问题，在严格遵守大学的校规、地方的相关法律法规以及相关单位的有关规定的前提下，创造性地开展服务工作。

第三节　新时期高校学生党建工作的创新

一、观念创新

思想是行动的先导，唯有认识提高了，才能把高校学生党建工作真正落实到实处。在当前发展和完善高校学生党建工作，要做到进一步解放思想，放开视野，大胆学习国内外高校的成功经验：要善于从多角度、深层次的去考虑问题，善于运用逆向思维。

首先，树立从战略高度认识高校学生党建工作的观念。青年大学生是实现中华民族伟大复兴的建设者、主力军和后备力量。中国共产党只有赢得青年，才能赢得未来。能否把更多的优秀大学生凝聚到党的队伍中来，关系到党的事业是否后继有人，关系到党的执政基础、执政地位和执政能力，关系到如何践行“三个代表”的重要思想和“立党为公、执政为民”的大事。

其次，树立学生党建寓于校园先进文化建设的观念。在强调思想上建党、制度上建党的同时，特别强调从先进文化上建党。要树立始终“坚持中国先进文化的前进方向”的观念，努力提高新时期高校党建工作的文化内涵，把党建和文化建设有机地结合起来。一是引导积极分子必须树立科学的世界观、人生观和价值观，坚定对马克思主义的信仰，对共产主义的信念，对社会主义的信心，对党和政府的信任。二是进一步提高大学生党员和积极分子的文化素质，成为先进文化的弘扬者和创造者。三是使高校学生党建工作跳出就党建抓党建的局面，把党建工作融入为学生所喜闻乐见的校园文化活动中，增强工作的有效性。

最后，要树立党的先进性和质量建党的观念。先进性是我们党的生命所系、力量所在，是我们党的建设永恒的主体。高校抓党建工作，实质上就是要解决党的先进性如何在高校体现的问题。始终保持学生党员的先进性，既是实现高校培养目标，造就中国特色社会主义事业合格建设者和接班人的需要，又是提高高校党组织战斗力，增强党在全社会的影响力和凝聚力的需要。因此，高校党组织要充分发挥主观能动性，在继承过去党建工作好经验、好方法的同时，与时俱进，创新工作方式，坚持质量建党，数量与质量相协调，在保证质量的前提下，加快发展速度。

更新观念，培养和树立创新意识。创新是高校党建工作发展的动力，是否具备创新意识、创新能力，是新时期衡量党建工作者，尤其是基层党组织干部基本素质的重要方面。现实中，有时传统的观念不再那么有说服力了，曾经非常奏效的一些工作方法竟然不再那么灵验了，党建工作要取得效果和成绩，需要新的观念和思路、新的内容和形式、新的方法和手段。只有具有创新意识，才能敏锐地把握世界的发展趋势，在激烈的国际竞争中经受住挑战。在当今时代，科学技术的发展日新月异，知识更新的节奏空前加快，各种思想文化的相互碰撞更加剧烈。无论是先进生产力的发展要求，还是先进文化的前进方向，都代表着一种时代精神。共产党员作为先锋队组织，必须具有创新意识，紧跟时代精神，否则就会丧失先进性。

当前，外部环境对高校党的建设从三个方面提出了严峻挑战：一是西方思想文化中的真理与谬误、珠宝与垃圾、先进与腐朽同时进入高校；二是市场经济的正面影响与负面影响同时进入高校；三是35岁以下的新党员比例上升，在给党组织带来生机的同时，有一部分党员不能正确处理政治与业务的关系、集体与个人的关系。所以更新观念，培养和树立创新意识，就是要求高校党建工作者紧跟形势的发展变化，分析利弊，以崇高的责任感、强烈的进取心和敢为天下先的精神，大胆尝试，大胆开拓。

二、实践创新

在实践上，高校学生党建工作应形成制度、组织和队伍的“三位一体”的新局面，其中机制创新是核心、组织创新是关键、队伍创新是保障。

1. 机制创新

党建工作要有活力，要富有成效，必须有良好的制度和机制做保障。机制创新是实现整个高校学生党建工作创新的关键，也是高校学生党建工作适应新时期要求的必然选择。党建工作制度和机制创新，要按照《中国共产党普通高等学校基层组织工作条例》《普通高等学校学生党建工作标准》的精神和原则要求，从各单位改革发展的实际和学生的思想实际出发，大胆实践，积极探索，在内容的具体化和针对性、工作落实的可操作性上下功夫，使基层党组织的党建制度和工作规范，既具有质的规定性和丰富的思想性，又有与本单位事业发展和个人成才创业密切相关的具体内容，从而使党组织的工作具有明确的目标指向和较强的吸引力。高校机制创新重点在以下几方面。

首先，转变学生支部职能。一是要改变过去只注重组织发展而忽视思想教育的状况，党支部要把精力用在制定学生入党积极分子和学生党员综合发展规划上来，开展丰富多彩且行之有效的党团活动；二是要改变过去那种“党只管党”“高高在上”的状况，党支部要把精力用在指导和帮助团支部和班委会建设服务体系上来。

其次，努力营造有利于人才创新的氛围。一是要注重提高在校学生的想象能力和创造能力；二是要善于发现并大胆鼓励和使用有创新思想，敢为天下先的学生。

再次，要形成新的综合机制。具体而言，包括：建立学生党建工作领导小组，健全党委工作职能部门的设置；建立健全学生党员发展、教育培养考查机制；建立健全学生党员及党务工作者的考核机制；建立健全学生党员及党务工作者的监督机制等。

2. 组织创新

党的组织建设是党的建设的重要方面，是党的先进性和党的战斗力、创造力的基础。基层组织是党在高校全部工作和战斗力的基础，在发展、教育、管理党员和开展思想政治教育中担负着重要职责。高校学生党建工作的基层组织建设要按照《中国共产党普通高等学校基层组织工作条例》的要求，紧密围绕学校中心工作和本单的位实际，勇于开拓，大胆创新，创造性地开展工作。

首先，要合理设置党组织。高校学生公寓管理社会化改革后，学生根据自身的经济承受能力选择组合寝室，这就打破了以前宿舍中院（系）、年级、班级的界线，给学校组织工作带来了困难。要根据需要和可能，采用集中和分散相结合的方式，合理设置党组织。现在高校的党员和入党积极分子流动性较大，要积极创造条件，保证这些流动人员到哪里，党建工作的触角就伸到哪里。

其次，在工作网络上，以学校党委为核心，以党的基层组织为主线，以党员和要求入党积极分子为主体力量，以政工干部、党员干部为骨干力量，工会、共青团等群众组织积极支持配合，动员社会力量有效参与。

3. 队伍创新

努力建设一支信念坚定、业务精通、乐于奉献的大学生党建工作队伍，是做好高校学生党建工作的保证。

首先，建立一支高素质的党务与政工干部队伍。党务工作者和政工干部是学生党建与思想政治工作的主要力量，是学生党建与思想政治工作的组织者、指导者和具体操作者。加强和改进学生党建工作，最重要的是要建立一支高素质的专兼结合的党务政工干部队伍。要像选拔、培养学术骨干一样重视选拔、培养党务政工人员，配齐人手、配强人员、落实待遇，并通过聘请兼职组织员、指导员的方式充实力量，利用思想政治线上的党员干部广泛联系学生社团的机会，探索党建工作进社团、进学生团体、进学生公寓的工作模式，与基层党组织共同参与对各条战线上优秀学生的推优、培养、发展等工作，切实增强学生党建工作的合力。

其次，有效发挥学生党员在党建过程中的主体作用。要做好学生的深层次的思想教育工作，光靠党务政工人员是不够的，还必须有广大学生的积极参与和配合。学生党员是学生骨干，是学生队伍的核心，是各项活动的组织者。他们与广大同学朝夕相处，能及时了解和准确把握同学的思想、学习和生活情况。应该利用学生党员和积极分子与普通学生一起学习、生活的优势，建立组织发展工作网络机制，让素质高的学生参与对入党积极分子的培养、考察、鉴定等工作，并在工作实践中成长和成熟起来。

三、手段与载体创新

在高校学生党建的诸多要素中，工作手段和载体与党建工作成效有最直接的关系。在当前，要广泛运用现代科技手段不断充实党建工作的内容，拓宽党建工作的渠道，改进党建工作的方式，增强党建工作的效果。科学技术的发展已将人类带入了信息化时代。以互联网为标志的全球信息高速公路，将人类带入了网络时代，网络世界以其无法估量的巨大魔力冲击着人类的生产和生活方式，其中受影响最大的是高校师生。网络时代高校党建工作面临巨大挑战，亟待创新。

信息网络技术的迅猛发展，一种触角多维、内容斑驳的网络文化已经开始笼罩着社会生活的各个方面，影响着人们的思维方式、工作方式和生活方式。受网络文化影响最深的莫过于高校师生。随着信息技术的迅速发展，互联网作为信息传播新的媒体，对大学生的学习、生活、思想观念发生着广泛而深刻的影响。

要高度重视互联网对开展高校党建工作提供的新机遇和新挑战，主动占领，为我所用。在加强网络管理的同时，努力建成一批具有一定规模和影响的党建工作网站，推出一批导向正确、体现网络特色、受到师生喜爱的主页和栏目，从而增强党建工作的效果。加强党建信息化建设，增强党建管理工作的透明性、规范性和时效性，是适应信息时代发展和高等教育快速发展的必然要求。党建工作的信息化也就是组织工作的电子化，电子化办公必须有完善的党建网络系统做支撑。

在信息网络化建设中，网上党建作为一个新事物，其建设和发展必须结合党的建设已有的成功经验与现代科学技术，从战略高度认真研究、系统规划、分步实施、逐步推进。互联网是继报纸、广播、电视后的一种新的传播媒体，传输形式已不仅是文字，还包括声音、图片、动画，甚至是图文声像并茂的影视画面，具有全球性、开放性、交互性、即时性、综合性等特点，党建工作只有充分利用这些特点，才能提高工作实效。高校的各级党组织要积极实践，创造条件努力建设网上党建新阵地。

目前，已有许多成功的经验值得我们学习和借鉴，如华中科技大学网上党校，靠扎实的工作取得了意想不到的效果，该校“党校在线”包含了丰富的内容，如党校简介、动态信息、入党导航、时代先锋、心得交流等栏目，该校社会学系学生党员曾在800名入党积极分子中进行调查，结果显示73%的入党积极分子曾点击过党校在线，而且大部分同学表示出了极大的兴趣。

建设网上党建新阵地，首先要强化阵地意识，主动出击；其次要保证必要的投入，加强管理；最后要建好一支过硬的既掌握党建理论又擅长网络技术的专兼职队伍。通过网上党建，在网上建立新闻信息发布渠道，发挥互联网在信息传播中的时效优势，在第一时间发布即时新闻，使各级党组织、党员能以最快的速度了解国内外政治、经济和社会生活信息，了解党和国家的重要新闻，发挥互联网的喉舌作用，同时利用网络进行交流学习、组织管理，及时、有效、灵活地开展支部工作。青年大学生热情、好动，向往平等和民主，网络思想教育活动的最大特征之一就是参与主体的平等性。开展网络教育活动，就是要充分重视和发挥青年人参与的自主性，同时要注意活动方案的包装设计，努力做到经常出新；还要注意保持网上、网下的联接，寓教于乐。通过网络使大学生的思想受到潜移默化的教育，效果更加明显。党建要敢于主动进入师生的生活，敢于主动进入以网络为代表的信息世界，要特别注意吸收新的科技含量高的东西，尤其是要尽快培养一批新型的既懂人文又懂科技的新一代党的干部。

第四章　新时期高校思想政治教育工作与新媒体的结合

新媒体时代，高校思想政治教育面临着前所未有的新情况和新问题，认真研究高校思想政治教育所处的时代背景与意义，正确把握新媒体的未来发展趋势，正是新媒体时代赋予高校思想政治教育工作者的新使命。

第一节　新媒体时代高校思想政治教育的理论阐释

一、大学生思想与新媒体的激活理论

长期以来，大学生对媒体工具有一定的需求，在新的时期，针对大学生的思想政治教育更需要新媒体对其进一步激活。也就是在大学生对新媒体的需求之中产生了思想政治教育新媒体化的趋势，进一步激发了新时期的教育工作。

据中国互联网络信息中心（CNNIC）调查，高中和大专以上学历人群中互联网普及率已经到了较高的水平，尤其是大专以上学历人群上网比例接近饱和。这意味着几乎所有的青年学生都在使用新媒体。在这样的实际情况下，作为高校思想政治教育者，在开展工作的同时是不可能绕开新媒体这一媒介的。有调查显示，网络终端设备已成为大学生日常生活的必备工具，大学生是接触和使用新媒体最早、最直接的群体。网络搜索成为大学生解决学习问题的最佳途径，大学生通过查阅资料将网络与自身的学业需求结合起来。登录网络社交工具成为大学生网络第一行为，大部分大学生连接计算机网络后所做的第一件事是打开 QQ 等聊天工具或是打开某社交网站，这说明大学生热衷于网上交往形式。新媒体在改变着大学生的认知方式、思维方式和价值观念。网络及网络文化带来的开放、自由、民主、平等的价值观同时也对当代大学生的思想观念、价值观念、行为方式等带来了许多影响和冲击。

二、新媒体与思想政治教育的主体性理论

（一）新媒体主体的双重统一性

1. 新媒体使传统思想政治教育的主客双方发生质变

学生也可以成为教师，教师也可以成为学生，两者都必须成为教育的主体。近年来提出的以生为本教育理念就是在强调在教育过程中要尊重学生的主体性，以学生为主体。新媒体时代对教育主客体双方提出了全新意义的理解和变革。通过新媒体构建的思想引领系统已经没有绝对意义上的施教者和受教者，两者之间再没有任何天然的界限，学生是受教者的同时也可能是施教者，因为新媒体为他们提供了原创的机会。在现阶段，从某种意义上可以说，学生比教师更走在新媒体潮流的前面，教师在新媒体时代面前更多扮演的是被动方和被推方的角色，成为传统意义上的受教者。

2. 新媒体促使教育者的角色发生转变

在传统的思想政治教育体系中，教育者通常使用强制式、命令式的方法灌输所谓的价值标准，这种填鸭式的教育模式通常为人所诟病。但是，新媒体所具有的数字化、网络化特征在一定程度上改变了学生获取知识时对教育者的依赖。学生和教师具有同等面对知识的机会，有时候甚至学生所接触的知识教师都不一定熟悉。因此，新媒体时代的思想政治教育工作者不再扮演“把关人”的角色，转而成为学生思想引领的帮助者、引导者和促进者。

3. 新媒体促使大学生角色发生改变

传统思想政治教育中，学生通常都是被动的和机械的，他们被视为等待填充的容器，无条件接受教师认为重要的东西。而新媒体为个体参与传播过程提供了一个双向通道，学生在该过程中既是教学信息的接受者也是信息的发布者。

4 新媒体满足不同学生的个性发展要求

新媒体带来了海量资讯，学生可以根据自身需求获取不同的讯息和知识。尽管这些资讯的表现形式各不相同（如文本、视频、图片或录像等），但这在一定程度上扩充、表现和阐述知识的内部多样性，实现传递思想、观念、情感、信息和知识的目的，满足了具有不同学习能力和学习风格学生的个性发展要求。

5. 新媒体有利于教师根据学生学习反馈情况提供及时诊断和指导

基于新媒体的学习，能够有效改善传统教育中反馈缺乏或者滞后的现象。这就类似孔氏教学中所谈到的因材施教，教师针对不同的学习者，设计、管理

和维持以学生为中心的、多维度的学习环境，而非一味地灌输枯燥的道理。同时，教师也极力摆脱说教者的角色，使之成为学生学习的促进者、帮助者和引导者，为学生提供强大的智力支持和补救指导。

（二）新媒体主体交互的多重性

1. 网络交互行为更具有宽泛性

传统媒体的传播通道是线性的，仅仅由发出端和接收端两端组成，较为保守和呆板。新媒体的传播通道是非线性的，独特的多对多的传播方式使得传播层级更为泛化，实现了所有人面向所有人的传播，消解了权威，激活了互动，打破了地域、阶层、文化、心理等方面的障碍，使每个人都拥有话语权，开放、自由地互动交流。随着网络的普及和影响的日益推广，虚拟社群已经成为司空见惯的社会生活关系。在新媒介中所触及的这些元素，通常更多地出现在非计算机领域的现实生活中。网络虚拟体验并不是和自己的同类在竞争，而是和现实生活中所有的体验在竞争。

网络交互行为也不再是原始的交互反馈，而是趋向一种更宽泛的维度。网络中的交互行为能促进人际关系的发展。由于在网络中没有性别、年龄、种族等可视特征，交互行为并没有任何社会包袱和压抑感。所以网络交往具有匿名性，人们似乎都躲在屏幕后面少了很多顾忌。新媒体下的思想政治教育过程发生的交互活动变成一种强调沟通与协调的社会性活动。在新媒体思想政治教育设置的交互过程中，系统与受教者产生互动，这导致人的意识产生转化，通过教育者有效的设计，外在表现为可控制的、可供专用的、容易变化的，同时也能满足思想政治教育的目的。

2. 新媒体赋予受众主动权与主体性

新媒体之前的传播模式将信息接收端统称为受众，无论是主动接受信息还是被动接受信息的人都被涵盖在其中。而新媒体时代的到来则具体、细化了原有的传播模式。而有组织、有目的地将志同道合或是有着共同需求的受众组织成范围更小、人员趋同性更高的传播网络，这样便可激发这一小网络中成员的活跃性。这里没有发出和接受对象的限制，针对某些话题的群友们既是信息源又是接受者。

3. 赋予受众选择权与主体性是新媒体的进步

媒体通过对传者和受者的影响而实现对传播过程的改变。教师与学生之间利用新媒体创设了新型学习环境，使得互动、交流和合作连接而成一个统一的整体，环境的变化也影响了学习者的学习方式，从过去讲授为主的被动灌输向基于情境认知的社会建构模式转变。知识在传播方式上的改革也将为教育事业带来巨大的影响和改变，所以也成为近年来教育学和传播学领域研究者共同关注的热点问题，并不断对新媒体支持的教育传播过程及其模式进行探讨，使得师生之间的交互更加灵活，信息内容通过数字化形式传递，信息反馈也是即时发生的。因此，新媒体教育传播模式同传统教育传播模式相比具有很多优越性。

三、新媒体对大学生思想的平衡理论

新媒体在传播模式、话语权维护、压力缩减方面具备的天然优势，使其对大学生具备思想的平衡作用。新媒体对于思想方面起到的传播、平衡、舒缓作用：一方面有利于平衡当前大学生思想和行为模式中的复杂元素；另一方面也创造了大学教育中无法比拟的思想环境。由此，我们提出新媒体的平衡理论。

（一）新媒体的裂变式传播促进思想发酵

新媒体在传播模式上有很大的创新，信息的扩散不同于个体对个体的人际传播、一个人对多个人的群体传播、“推”“拉”并存的网络大众传播，而是核裂变式的“链式反应”，具有基于人际网络之上信任链的病毒性传播特点和典型的多级传播属性。在新媒体传播环境下，话语权从主流大众媒体扩展到了普通百姓中，不同层次、不同背景的人都可以通过网络发布信息。这种发布信息权利的“易得性”在很大程度上实现了传播权力的自由化和分散化，导致信息量的无限激增及交叉重复。

如今互联网新兴的媒介正渗透到社会文化的各个角落，并对舆论传播产生了举足轻重的影响。但伴随着新媒体兴起而来的有害信息大行其道、冗余信息泛滥、受众心理防线高以及传播自由化和多媒体化所带来的传播问题，也是新媒体时代不得不思考和解决的问题，这些都需要给予充分的正视。新媒体裂变式传播对于大学生的思想发酵起到催化作用，促使大学生的思想进一步酝酿传播，愈发成熟。随着信息在此过程中不断交流、碰撞、融合，大学生对事件的认知会不断加深，从而上升到了思想的高度上，促进其思想发酵得更完整、更有深度。在正反双方声音充分吸收之后，大学生思想趋于辩证平衡。

（二）新媒体消弭“知沟”与话语位差

新媒体的平衡作用还体现在对于“知沟”的消弭作用，从而实现了不同知识阶层对于信息的平衡地位。所谓“知沟”，是关于大众传播与信息由于社会中的阶层分化而形成的“知识鸿沟”。大众媒介的普及以及新媒体的出现，让更多的人能跟进时代的发展，在媒介上发表自己的看法。新媒体的便捷、迅速等特点也成就了一些草根名人，他们可以代表自己的群体说话，在法律允许的范围内发表看法。当世界越来越小、信息传送越来越快、媒体越来越普及的时候，“知沟”这一现状也会逐渐消失。所以，高校在新媒体建设的时候一定要注意普及新媒体的基本知识，在新媒体使用方面也可以进行专家讲座培训，旨在让每一位同学对新媒体都能有个大致了解。新媒体的使用伴随着一定的知识和技能，及时进行知识的培养和教育，缩小社会“知沟”。

（三）新媒体提供“减压阀”，平衡思想力量

新媒体具有的各种优势使每个人都能在权威、公众的言论中抒发自己的声音，采撷群众的智慧，获取自己的灵感，这在新媒体出现之前几乎是不可能实现的。我们可以通过新兴媒介来发泄自己的不满，减轻自己的压力。新媒体就充当了“减压阀”的功能，这也是新媒体发展给我们带来的好处之一。

个人在生活中积累的心理压力，随着时间推移逐渐增大，如果没有间歇性或是持续的释放，压力容易突然性迸发，带来思想的失衡与反常。因此，新媒体作为“减压阀”在我们生活中充当了重要的角色。大学生合理利用新媒体发泄自己的情绪，通过释放过剩压力，在线上和亲人朋友进行互动，交流情感，对于个人身心健康意义重大。网络媒体中评论常常偏于感性与宣泄，负面能量的散播更加频繁，网络用词“吐槽”“鸭梨山大”“给跪”以及“咆哮体”等语言形式，便体现了这一特质。

大学生面临就业、升学、恋爱等生活压力，由于缺乏相应的、便利的心理疏导，必须通过微博及时寻求心理慰藉，平衡身心健康。随着微博、QQ 等新媒体平台逐渐深入人心，我们相信新媒体在高校的信息发布、信息传播等方面的运用会越来越多、越来越完善。当然，新媒体的应用既要聆听学生对学校政策和社会热点最真实、最急切的呼声与想法，又要使“对话”这样的活动最大限度上容忍、保留各方的想法、意见与观点的交锋，从而使得该新媒体平台真正成为每位用户真实思想的集散地。新媒体对于大学生思想的平衡理论支持了高等学校发展和促进新媒体发展的必要观点，也对当前新媒体环境如何改善、提升使之更适应于大学生思想平衡提出了新的课题，有待教育部门和高校进一步研讨。

第二节　新媒体时代高校思想政治教育工作的创新

一、新媒体时代大学生思想政治教育理念的创新

新媒体环境下，思想政治教育工作者唯有更新教育理念，用新思维、从新的角度去认识新媒体，利用好网络新媒体，才能更好地促进思想政治教育工作的现代化。

（一）树立“一切为了学生的发展”理念

马克思曾说，未来新社会是“以每个人的全面而自由的发展为基本原则的社会形式”，学生最重要的任务是学习，最根本的利益是发展。发展是教育的永恒主题，教育的目的从根本上说就是要促进人的发展。学生既是思想政治教育的主体，也是思想政治教育的对象；是教育的中心，也是教育的目的；是教育的出发点，也是教育的归宿；是教育的基础，也是教育的根本。我们必须牢固地树立“一切为了学生的发展”的理念，既要坚持教育学生、引导学生、鼓舞学生、鞭策学生，又要做到尊重学生、理解学生、关心学生、帮助学生。当前学生的思想问题，归纳起来主要有三类：是非不够清楚问题，主要靠思想政治理论教育；行为养成问题，主要靠养成教育；具体实际问题，主要靠教师帮助。这三类思想问题，虽不能截然分开，但解决的方式都是明确分为教育、管理、服务，教育是核心，管理是保证，服务是拓展，所以三者必须结合。教育和管理在高校得到了较好的体现，但是服务还有待改进。教育工作者要尊重学生的人格，维护他们的尊严，让每一位学生在校园里都能健康快乐地成长。以“一切为了学生的发展”为理念，体现人文关怀和道德情感。中国是一个礼仪之邦，中华民族自古以来具有淳朴善良、忠信豪爽、扶危济困、乐善好施的美德。教育不仅是文化的传递，更是人格的塑造，教育工作者在教育过程中，要用母爱一样的师爱去引导、关心学生，以提升现代人格为目的，弘扬民族精神为已任，培养学生热爱生命、热爱生活、热爱自然、追求高尚的情操，升华学生的道德信念、理想追求，在帮助学生解决个人和家庭实际困难引起的思想问题时要融入真情，在帮助学生解决个人理想前途上出现的思想问题时要充满感情，在帮助学生解决人际关系方面反映出的问题时要主动热情，这样才能提高思想政治教育的效果，使思想政治教育充满生机和活力。

（二）树立教育与自我教育相结合的理念

教育与自我教育相结合，就是既注重发挥教育的主导作用，又注意发挥教育对象的能动作用，将教育与自我教育有机地统一起来。我国著名的教育家叶圣陶指出：教育的目的就是为了达到不教育。苏联著名的教育家苏霍姆林斯基也认为，只有促进自我教育的教育才是真正的教育。受教育者主体性发挥的落脚点就是从教育走向自我教育。自我教育就是受教育者把自身作为认识和改造的对象，加强对自身主观世界的改造，进行自我建构，以求得自我发展、自我完善，自我教育也是受教育者主体的一种高度自觉。教育与自我教育的结合，这就要求高校教育工作者既要重视学校、社会、家庭的外部灌输教育，又要重视大学生内省的自我教育；既要有循规蹈矩的说教，又要有充满自由的互动；既要以身作则，率先垂范，又要善于启发，做好引导。特别是在网络思想政治教育已经发展成为高校思想政治教育重要手段的今天，大学生一定要积极接受老师的引导，同时要做好自教自律，避免在纷繁网络文化的影响下步入歧途。

（三）树立开放教育的理念

一直以来，传统的高校思想政治教育工作主要是学校按照党和国家的基本要求，结合当时的社会发展实际，以弘扬主旋律为核心，以社会主义办学方向为导向，对学生开展以灌输为主的思想政治教育。在这种传统的思想政治教育模式中，其教育内容、教育方式在信息时代到来之前，是符合形势发展需要的，因为信息时代到来前的大学生思想还过于保守，叛逆现象并不严重。但是随着经济全球化、政治全球化和文化全球化时代的到来，新媒体环境快速发展，网络社会日益复杂，与网络起成长起来的“90后”大学生，其思想和思维方式与以往大学生不同，必然会导致传统思想政治教育的稳定性被打破，教育模式也将发生根本性的变化，教育模式将会由相对稳定走向开放、多元。在当前网络环境下，相对于传统的封闭式思想政治教育模式，开放式的思想政治教育模式具有绝对的优势，它适应了网络社会的发展趋势，有利于思想政治教育形式的多样，更利于学生的接受。从社会发展形势来看，高校思想政治教育打破封闭，走向开放是历史的必然。更新传统的教育理念，用更加开放的思维和更加宽广的视野去开展思想政治工作，也是对新时期思想政治教育工作者的要求。在理念转变过程中，思想政治教育工作者务必要处理好民族性与世界性、传统性与现代性、主导性与多样性之间的关系，在继承传统的基础上予以创新。

（四）树立平等互动与疏通引导相结合的理念

建立在平等基础上的互动，是新媒体环境下思想政治教育过程的基本特征。在运用新媒体开展思想政治教育活动中，教育者与被教育者之间要通过平等的方式进行交流，形成信息上的互动，进行角色上的互换，从而促进了双方思想与情感上的共鸣。疏通引导是高校思想政治教育坚持的一条重要原则，思想政治教育工作者要坚持自己在新媒体多元环境中的主导地位，做到始终坚持正确的观念和思想，及时用正面的观点去影响新媒体上的舆论环境，在疏通中引导，在引导中疏通。但是在新媒体环境下，良好效果的疏通引导离不开建立在平等基础上的互动。如一遇到学校有重大突发事件发生，校园 BBS 上就会出现大量的言论，这些言论有的是真实的，有的是猜测的，有的还带有煽动性，随着言论的扩散，必然会造成一定影响。在这种情况下，如果思想政治教育工作者只是一味地加以堵塞和压制言论，往往会由于压制了大学生表达思想的自由，从而激化矛盾。通过许多现实案例得出，在互联网下，强行堵塞和压制言论会引起学生的胡乱猜测，引发学生的反感，最终导致思想政治教育工作环境进一步恶化。所以，面对新媒体带来的新的工作环境，高校思想政治教育工作者只有尊重学生的主体意识，正确看待学生的参与热情，以相信学生和依靠学生为工作出发点，让学生各种意见和观点充分得以表达。那么，在学生的意见表达、思想观点真实展现的过程中，思想政治教育工作者可以就此分析学生的心理变化，以一名参与者的身份，与学生在平等互动的环境下，给予适当的引导，促进大学生思想和行为沿着正确的方向发展。

二、新媒体时代大学生思想政治教育内容的创新

（一）注重内容的时效性

新媒体时代，信息的数量和更新速度非常之快。大学生作为新媒体的广泛使用者和有力的推动者，他们对新媒体的关注是很紧密的。由于新媒体的便捷性，使得大学生随时随地都可以上网浏览信息，关注国际发展动态、国际国内的热点问题和焦点问题、突发事件、娱乐八卦等，他们接受各种信息，享受着信息快餐。传统的思想政治教育工作中，思想政治教育者大多是按教学大纲提前准备好教学内容，备课的内容大多是照本宣科，所用的例证也经常是老生常谈，听上去乏味枯燥，容易引起大学生的厌烦和抵触心理。在新媒体环境下，高校思想政治教育工作者就应该转变思想，新媒体提供了大量及时有效的信息供人们选择，就应该注重加入时效性强的内容，以便丰富大学生思想政治教育

的内容。世界各地的最新资讯、国内外的时事热点、突发事件等都可以实现瞬时传递，对于思想政治教育的内容是极大的丰富。大学生思想政治教育者若是把这些时效性强的事情与思想政治教育理论结合起来，充分调动同学们的积极性，营造良好的教学氛围，提升思想政治教育的教学效果。

（二）注重内容指导性

在新媒体环境下，各种信息在网上传播，特别是暴力、情色、迷信、诈骗等信息在网上迅速蔓延、层出不穷、防不胜防，这对涉世未深的大学生很容易产生有害影响。大学生由于自身知识储备和社会经验的欠缺，很难科学地分析和判断信息的真假，被所看到的信息迷惑，产生了错位的认识和思想，这对大学生的成长是极为不利的。另外，新媒体提供的网络空间是一个不分民族、国家和地区的无边界的领域。网络上不同民族、不同国家和地区的价值观念、思维方式、文化形态的思想观念相互碰撞和融合，向大学生展示了世界各地多元化的文化。大学生正处于世界观、人生观、价值观的形成时期，辨别是非和抵御干扰的能力相对较弱，这样无疑会对大学生原有的思想观念、价值取向产生冲击和矛盾，出现两难的局面。因此，他们特别需要正确的思想引导。高校思想政治教育工作者对此应该积极响应，提供正确的指导，培育当代大学生正确的价值判断和理想信念。坚持用社会主义先进文化引领网络文化的前进方向，优化新媒体环境下的文化环境。现阶段，思想政治教育工作应该加大对社会主义核心价值观的传播，发挥思想政治教育的主流引领作用，加强大学生分辨、抵制有害信息的能力。

（三）注重内容的服务性

思想政治教育是塑造人、教育人的。因此，思想政治教育的内容就应该是为人服务的，大学生思想政治教育的内容就应该是为大学生的成长与成才服务的。新媒体时代，新媒体既给大学生的生活学习、生活方式和思维方式等方面带来了积极的影响，同时，新媒体也给大学生的生活学习带来了一些不利的影响，使得他们对现实社会产生了困惑。思想政治教育者在选择思想政治教育内容时，应该与当代大学生的实际需要和困惑入手，选择与他们实际生活相关的内容，切实为学生服务，为他们的健康成长助力。如果思想政治教育的内容只是选读课本上抽象的理论知识，大学生就会感觉到离自己的生活很遥远，没有多大关系，对思想政治教育产生厌烦和抵制情绪，教学效果肯定不会很理想。大学生中，每个人都是充满个性、独一无二的，要想思想政治教育受到每个同学的欢迎，教育者就必须深入大学生的生活中，利用新媒体融入大学生的思想世界，了解他们的生活困惑、思想动态、情感状况和就业需求等，结合思想政治教育理论，为他们排忧解惑，解决他们的实际问题，获得他们的尊重和信任；肯定每个人的个人价值，尊重个体差异，因人而异，因材施教，让每个人都享受到思想政治教育者的人文关怀，自觉接受思想政治教育的内容和形式，提高思想政治觉悟；结合当前的主流思想，分析当下大学生中普遍存在的思想问题，科学地分析解读，帮助他们树立正确的世界观、人生观和价值观，做好为社会主义事业不懈奋斗的思想准备。

三、新媒体时代下高校思想政治教育方法的创新

（一）建设有特色的校园网络文化，开展隐性思想政治教育

校园文化是学校在长期办学过程中所形成的特定精神环境和文化氛围，其中包括学校的校风、价值观、各项规章制度以及学校成员在共同活动交往中形成的非明文规范的行为准则。校园文化对学生的影响具有渗透性、导向性、传承性。积极向上的校园文化能使学生养成良好的学习、生活习惯，使情操得到陶冶，意志得到锻炼，人格得到塑造，建设和谐校园，促进学生自由而全面发展。

（二）打造思想理论课信息反馈平台，改进思想政治教育信息反馈

大多数高校的思想政治教育课程只注重学生的课堂出勤率，注重学生成绩是否合格，而不重视要求学生对课程进行意见反馈，使高校思想政治教育课程一直以来都很难得到理想的效果。

新媒体的虚拟性、其匿名性以及信息传播的即时性，可以保证思想政治教育信息反馈的速度和内容的真实可靠，受教育者可以摆脱各种顾虑，畅所欲言。建立思想理论课信息反馈平台，以授课班级为单位，教育对象可以随时发表自己在课程中收获以及对课程的建议，采取课后作业的形式，保证信息反馈的量的要求。这样，授课教师可以根据反馈的信息，把握学生的思想反应和发展动向，及时改变课堂教学内容、教学素材、教学形式，以获得学生对思想政治教育课的认同感。

（三）建设思想政治教育新课堂，开展理论教育新形式

高校传统的理论教育法多采用学生被动接受的理论灌输，而且随着高等教育由精英化走向大众化，思想理论教学课堂多采用大班授课，教师全程讲解。虽然近年来，高校把多媒体引进课堂，但多媒体的使用效果却不是很好。大学

生对思想理论课表现出了消极的学习态度，没有学习的兴趣，导致课堂缺乏活力。

激发学生的学习热情，实现课堂交流互动是目前高校思想理论课教学需要改进的地方。所以我们要运用新媒体，创新思想政治教育课堂教学这一主渠道。我们可以把数字报纸、数字杂志这类新媒体引进课堂，及时更新教学素材，让学生感受到教学内容与社会发展、人们生活的密切相关，充实课程资源，用理论联系实际，引导大学生运用马克思主义的立场、观点和方法观察问题，解决问题。同时，运用多媒体，打造类似于微博、微信、QQ 这样的新的课堂即时交流平台。教师也可以随时把握学生思想动态，根据学生具体情况，进行课堂教学，启发受教育者积极思维，使教育生动活泼，

（四）建设即时性的交流平台，改进疏导教育法

现代社会条件下，文化多元化，社会信息化，在一定程度上影响大学生思想和行为，除了要运用相应的制度进行规范外，更需要采取疏导的方法进行教育和引导。传统的疏导教育会受到教育者地位、身份的影响，或碍于情面，不敢讲心里话，不利于疏导教育的顺利进行。

采用疏导教育法，最重要的是要创造民主的条件，和谐的氛围，使学生敢于讲真话。新时期开展疏导教育，我们可以利用新媒体建设即时性的交流平台。一方面，让学生展示自我的个性，为每一个学生提供发表看法的渠道，彰显个人价值的存在，表达自身的利益诉求，并学会彼此分享。对错误的思想认识允许讲出来，并及时给予引导和教育，使之得到纠正。另一方面，可以建设校园心理咨询网站，使学生以匿名的身份把心里的困惑讲出来，促使其心理冲突缓解，教育者同样采取匿名的身份及时地对教育对象的问题进行判断、澄清、疏通、引导，给予教育对象以关怀、鼓励和信任，有针对性地进行引导，提升教育的成效。

（五）开展课外网络思想政治教育

如今网络思想政治教育已经在很多高校展开，全国已经有 200 多所高校建立了红色网站，这些网站在高校思想政治教育的实践中发挥了重要作用。同时，高校要积极开设思想政治教育网络课堂，开设形式多样、水平较高的网络教学，给学生更多的自由选择的空间。建立与其他高校的交流合作网站，借鉴先进的教学资源相互合作、相互学习、取长补短。通过现实课堂与网络课堂的结合，扩展学生的视野，从而提高学生思想道德素质和思想政治觉悟。

四、新媒体时代大学生思想政治教育路径创新

新媒体环境下高校思想政治教育面临着前所未有的困难和挑战，站在坚持社会主义意识形态在大学生思想政治教育的主导地位的战略高度，与时俱进探究网络思想政治教育新思路、新办法，直接关系到社会主义大学培养什么人的根本问题。

（一）利用新媒体“随拍随传、转播点评”功能，打造思想政治教育新模式

随着百度贴吧、新浪微博、微信朋友圈为代表的青年新媒体群的日益壮大，打造资源共享、服务至上的新媒体阵地就成为思想政治教育工作者的新课题。思想政治工作者要利用微博、微信等公众平台建立微观点、微话题、微就业、微招领等板块，在学生中发起原创作品征集活动，开设身边的雷锋、校园美景、感动人物等微原创版块，使思想政治教育更贴近学生实际，更具有魅力。此外，可以发挥微信的“语音对讲”功能，在各班团组织建立微信群，学生工作者将通知等内容直接“说”给每一位学生，只要学生随身携带手机，就可以及时“听”到信息。这种方式既快捷、高效，又增强了互动性，效果也明显强于传统方式。

（二）探索大学生思想政治教育好抓手

新媒体环境下高校要抓住大学生的心理特点，积极探索大学生思想政治教育的好抓手。这就需要从大学生最常用的通信交流工具入手，通过QQ、微信、微博、博客等大学生所喜闻乐见的通信交流工具对其进行思想政治教育。首先，打造学生班级QQ群。大学生是QQ的主要用户，几乎每个大学生都有QQ号。针对这种情况，高校思想政治教育工作者尤其是辅导员要积极利用QQ这一通信工具，建立班级QQ群，把思想政治教育工作渗透到平常的交流聊天中，这不但能够加深师生之间的感情，而且能够通过交流思想、谈心聊天等方式在潜移默化中达到对大学生进行思想政治教育的效果。此外，还可以通过微信、微博、博客等通信交流工具加强对大学生进行思想政治教育工作。

（三）激发队伍工作动力，增强话语数量

一批数量可观、政治可靠、掌握过硬新媒体技术、熟悉学生思想特征和行为习惯的教师队伍是开展新媒体环境下大学生思想政治教育的有力保障。但是，这样得力的工作团队并不能自发产生，有赖于良好的激励机制激发广大教师从事新媒体环境下思想政治教育工作。高校应该摸索新媒体环境下思想政治教育

实效性的评价机制，通过认定工作业绩、评优评奖、宣传报道先进典型事迹等方式营造良好的氛围，积极引导教师主动利用新媒体开展思想政治教育工作。

（四）从教育者的视角，加快培养有新媒体素养的高校思想政治教育队伍

主要包括高校思想政治队伍的构建、素质的提升、教育方法的改进。高校思想政治教育工作者是大学生思想政治教育的教育主体，在新媒体环境下，为更好地发挥大学生思想政治教育的功能，思想政治工作者必须掌握新媒体的传播技术的相关知识，了解现代传播学的理论和技巧，从而更好地引导大学生提高正确辨别信息的能力，引导大学生成为先进文化的学习者和传播者。高校应加强对高校思想政治教育工作者的培训，并开展丰富多彩、以新媒体为载体的各项活动，邀请相应的媒体机构与高校思想政治工作者进行互动交流，从而提升教育工作者的媒体素养。

（五）对高校思想政治理论课教师主导型教学理念的消解

新媒体环境下，大学生可以快捷地获取信息，轻松地获得比课堂教学更全面、更丰富、更有趣的知识，无论什么问题都可以方便地在网络上找到答案，大学生对思想政治课教师的知识依赖程度大大下降，比起传统的“接受式教育”，大学生更倾向于“自我教育”。而且新媒体环境的无中心、无权威和自由平等等特性也促进了大学生自觉意识和自主意识的觉醒，不愿一味顺从和接受思想政治课教师的观念，敢于表达自己的思想，造成了传统的教育权威被消解，师道尊严的传统文化在大学生“自我挺立”的新媒体时代的逐渐失落，在削弱了思想政治课教师信息和理论权威角色的同时，也消解了高校思想政治课教师主导型的教学理念。

（六）整合智力资源，丰富话语内涵

新媒体为思想政治教育提供了海量信息和智力资源，充分整合、合理利用新媒体环境下的智力资源是“全员育人”目标在虚拟空间实现的有益尝试。在新媒体环境下，教育工作者可以通过跟踪观察、分类整理、重点推荐、即时转播等方式将社会知名人士、专家学者、智慧“草根”的理性思想、精彩观点、积极态度传递给学生群体。得益于这些智力资源，一方面，鲜活的思想政治教育素材和形式被源源不断地创造出来，促进了思想政治教育的资源开发；另一方面，其自身拥有的知名度和公信力也促进了思想政治教育深入学生内心，取得实效。

第三节　新媒体时代高校思想政治教育工作发展的途径

一、提升新媒体时代大学生新媒体素养

所谓大学生新媒体素养，本身就是在新媒体时代的语境下提出的教育要求。美国新媒介联合会曾给“新媒介素养”下过一个定义，即“由听觉、视觉及数字素养相互重叠共同构成的一整套能力与技巧，包括对视觉、听觉力量的理解能力，对这种力量的识别与使用能力，对数字媒介的控制与转换能力，对数字内容的普遍性传播能力以及轻易对数字内容进行再加工的能力”。我们可以得出：在新媒体环境下，媒体素养主要指公众对于各种形式的媒体所具有的获取、解释、分析、评估、使用和创造的能力。对大学生的媒体素养的评判标准，主要包括利用媒介资源的动机、使用媒介资源的方式与态度、利用媒介资源的有效程度以及对传媒的批判能力，还包括是否正确地理解、建设性地享用大众传播资源的能力，是否能够充分利用媒介资源完善自我、参与社会进步等。像英国、美国等发达国家，早在上世纪末就开始了媒体素养的教育。目前，我国大学生具有的媒介素养尚处于自发状态，加之媒介素养的基础教育的缺失，新媒体对大学生造成了越来越严重的影响，更迫切要求在大学生中开展媒体素养教育。

（一）吸收与内化，新媒体知识教育的突破

新媒体信息具有双层结构：一层表现为色彩、图像等直观信息，另一层则表现为需要受众用心体会的信息内涵、价值取向等潜在信息。大学生需要正确认识新媒体、知晓如何从新媒体上获取所需的信息。新媒体技术随着科技革命不断推陈出新，革故鼎新，大学生必须对常见的新媒体类型、性质、特点、用途等需要一定的了解，不只是知道新媒体的浅层含义，更应该通过新媒体的知识教育深入了解信息背后的信息价值取向，科学准确把握新媒体动向，从纷繁复杂的信息表象中获取真实的信息内涵，从而实现新媒体的传播信息到自我素质提升的内化。

新媒体素养现已成为大学生必备的基本素质，必然要被纳入高等教育的范畴之中，按照一定的道德规范对大学生进行道德、价值引导。学校作为对学生进行系统知识传播的专门场所，应该结合新媒体发展状况，灵活选择合适的关于新媒体能力的课程培养模式。如将其设置为必修课、选修课、限选课或其他课程类型，形成较完善的课程体系，并专门组织了一支了解新媒体技术发展动

态、具有较强新媒体使用能力的教师队伍；同时还应该从新媒体技术入手，对学生开展主题教育，如运用教师的博文、班级的贴吧、手机报等，以教师的循循善诱为先，使学生能够在新媒体提供的教育平台中提升自我素养。

（二）接纳与构建，新媒体价值观教育的突破

大学生接触到的信息是多源的、低可信度的、庞杂多样的，它们会分化销蚀传统的社会信仰体系。信息的“无中心化”会消解传统权威。“师”一方的知识权威性渐渐动摇，统一稳定的价值观念有可能遭到质疑，正统的价值体系受到冲击。在失去中心的网络里，个人成为话语主体，个体意识被激活进而膨胀。随之，个人主义的价值取向凸显。追求个人绝对自由的现象产生，价值体系的“无核化”倾向出现，思想政治理论教育的价值导向作用也会受到削弱。对于新媒体信息传播价值取向的判断和把握是大学生新媒体素养的核心。多元化的传播途径、复杂化的传播内容，这都是新媒体和传统媒体的不同之处，进一步增加了对新媒体信息价值分析判定的难度。因此，要将培养大学生解读和分析信息的能力作为新媒体价值教育的重中之重，使其面对纷繁复杂和良莠不齐的新媒体信息环境时，能对信息价值做出公正、客观的判定，对信息所隐含的价值取向做出明确的剖析。

（三）改造与创新，新媒体能力教育的突破

大学生如何利用新媒体参与交流、表达观点、传播思想等成为当代大学生素质的重要组成部分。特别是大学生对新媒体信息进行获取、加工、处理后，利用自身对新媒体技能参与新媒体传播，能够提升其在新媒体环境中的地位与作用，使其成为真正的新媒体主人，为将来在社会生活中正确认识和利用新媒体奠定基础。

思想政治教育工作者要善于利用新媒体平台使学生更好地接受思想政治教育，了解我国的优秀文化，并能将这种文化代代流传下去。加强新媒体的监管体系建设非常有必要，这就需要创立专门的机构和培养专业的人才，掌握好新媒体中各种先进技术，最终为思想政治教育服务。同时，在监管手段的使用上，政府的力量也不容忽视，做好引导工作尤为重要。只有在技术和心理各个层面上做好工作，才能利用好新媒体平台，不断推进思想政治教育的创新。思想政治教育工作者面对自己的影响力在发生变化的时候，要进行正确地对待，应该持积极的态度，不断进行观念更新。在重视思想政治理论教育的同时，积极地利用网络资源的各种优势开展思想政治教育教学工作，使受教者接受更多的正面影响。在利用网络优势的同时，也要注意避免各种弊端，网络伦理道德建设

不容忽视，而且要坚持不懈。同时，坚决抵制网上的恶意炒作、流言等不良信息，引导人们树立正确的网络道德观念，自觉地遵守社会道德伦理，避免网络的无序化、随意性等。

二、打造新媒体时代大学生思想政治教育信息化体系

（一）三网融合与大学生思想建设环境的构建

三网融合，即“通信网络融合”，是指电信网、广播电视网和计算机通信网的相互渗透、互相兼容并逐步整合成为全世界统一的信息通信网络。三网融合意味着将电信网、广播电视网和互联网通过技术改造，使其成为能够提供包括语音、数据、图像等综合多媒体的综合通信业务平台。

目前高校网络的现状是电话、有线电视、校园网、数据网，基本属于独立运作、部门管理，在资源整合和设备投入等方面投入和产出不成比例，所以这种管理模式太过浪费，同时也不能满足高校师生日益增长的对媒体、数据等全方位服务的需求，所以其也渐渐被淘汰，取而代之的是统一规划建设的高校网络以及语音、数据、视频等综合业务融合工程，这也是新媒体时代的必然趋势。

三网融合，对大学生思想引领的整合优化意义重大。三网融合的推进和网络应用的普及，融合网络必将成为大学校园广泛参与的集工作、学习、生活为一体的一体化网络。传统校园网、数字校园大多处于局域网环境状态，师生只能在校内使用，倘若建成“三网合一”智慧教育云后，辅导员、家长都可以在校外、家中或工作单位使用。一旦三网融合，无论是手机、计算机还是电视，都可以无限制地使用学校提供的云平台，短信功能可实现移动、电信、联通家长的全网覆盖。但是，三网融合带来便利的同时，我们也应该清醒地认识到信息和网络通道变得更加多元、庞大和复杂，对于大学生信息保护工作提出了更高要求。此外，三网融合的发展必须改进和完善信息内容的监管方式，加强网络内容的安全能力建设，真正强化其作为思想政治教育的重要媒体和舆论宣传的主要渠道，将原本传统、封闭的广电网纳入其中，尤其需要把媒体放置于统一的开放的业务体系中，牢牢占领网络空间思想舆论主阵地，尽可能减少媒体业务中对内容篡改、插播等问题。

（二）云计算与大学生思想政治教育资源的共享

云计算概念是由谷歌提出的。提供资源的网络被称为“云”，狭义云计算指 IT 基础设施的交付和使用模式，指通过网络以按需、易扩展的方式获得所需资源；广义云计算指服务的交付和使用模式，指通过网络以按需、易扩展的

方式获得所需服务。这种服务可以是和软件、互联网相关，也可是其他服务。云计算的核心思想，是将大量用网络连接的计算资源统一管理和调度，构成一个计算资源池向用户按需服务。

未来，可以对现有教学资源进行面向服务的封装或者改造，建设新的提供基本应用服务的计算和数据中心。云计算也许可以为高校提供一个定制的方案：将一定区域和范围内的高校划为一个整体，通过云计算网络相互连接，只要通过统一的接口，便可以让所有参与高校的用户通过这样一个统一接口进入数据库，获取所需的资源和信息。各大高校的图书馆也可以将自己的特色资源通过“云”和不同高校用户分享，互帮互助齐头并进。如教学系统、学生电子信息管理系统、应用程序服务器等，同时建设虚拟的云接入点，让不同的高校都能够最快地登录到云。同时，将教育信息资源存储在云上，可以使优质的思想政治教育信息资源的共享更为方便与快捷。

云计算使用集中存储的方式，即所有数据都被存储在规模庞大的数据中心，如此一来，便能够实现由专业团队负责对数据进行管理，使得用户可以非常方便地在各种终端之间同步数据，并可随时通过新媒体与他人分享，体现出良好的开放性和共享性。各个高校学生管理部门或信息资源建设人员，应该充分发掘“云”计算内在的协同工作能力，通过“云”实现教育信息资源的共建、共享，避免形成一个个资源库孤岛。另外，云计算在高校思想政治教育者培训和大学生骨干教育方面也将起到很大作用。高校可以将云计算运用于远程教育中，将各高校的相关服务器连接起来，组建一个“远程教育云平台”，这个平台包含从事远程教育所必需的一切软硬件计算资源，通过技术手段使这些资源变为虚拟化，利用网络向用户提供可定制的远程教学资源（包括文本、演示文档、语音、视频及其他流媒体等）和远程教育应用服务（包括教学与管理程序、远程教学平台、作业系统等），可以最大限度地共享优质资源，提高资源的灵活性和利用率，避免资源的浪费。

（三）物联网对大学生思想政治教育管理的监控

物联网是新兴的 IT 技术，它是指通过把射频识别（RFID）、红外感应器、全球定位系统、激光扫描器等信息传感设备，嵌入和装备到公路、建筑、电网、供水系统、大坝、油气管道等各种各样的物体中，再结合现有的互联网，实现人类社会与物理系统的整合的一种 IT 技术。

高校是物联网较早就落地的领域之一，红外激光、无线通信、编码认证、自动识别、传感射频、卫星定位等高新技术的使用，使很多高校已经具备了信息化、网络化、集成化、智能化、可视化等先进技术特征。新型技术在高校日常工作的大规模集成化应用肯定了物联网在大学校园的应用地位。当前，在校园内进行学籍管理、购物消费、就餐支付、门禁出入等管理系统应用广泛，安全系统对学生进行追踪、识别、查询、信息采集与管理，已经有了很多成功的例子。新媒体可以装载在眼镜、手表、帽子、皮包等日常物品上，实现全物质媒体化，将大大改善我们的智能生活。

目前，物联网在大学校园中的应用已经初见成效。射频识别技术作为物联网的核心关键，在高校中已经得到非常普遍的应用，如借阅证、就餐卡、门禁卡等与高校学生息息相关的物品，这些都能看出物联网在校园中的实现与推广已越来越普及。我们大胆预测，高校可以利用现有物联网的核心技术——射频识别技术的支持，完善学生管理的组织系统、评价和考核系统，从而建立保障和监控体系。通过射频识别标签和校园智能卡系统的结合，辅导员可利用物联网系统，随时对学生的学习、生活情况进行自动的统计。例如，通过了解学生餐卡的消费情况，可以真实反映学生真实的家庭经济情况；通过随时反馈学生图书借阅情况，了解学生近期的思想动态，使辅导员的谈心工作更有针对性等。各级教学管理部门如需对学生学习情况、到课情况进行分析抽查，也可引入射频识别技术，使思想政治教育工作更有针对性。同时，射频识别技术还可以实现监控学生在校园的行踪，设立校园安全控制区域，减少不必要的校园安全事故的发生。另外，利用物联网给大学生上形势与政策、思想政治教育理论课可以更加面向现代信息处理，有效地支持学生在课堂进行社会性交互，使教学环境可视化、网络化、智能化，可以使虚拟学习环境与现实工作环境微妙地融合，为师生提供人性化的教学资源。

三、提升新媒体时代高校思想政治教育工作者的媒介素养

（一）加强媒介素养教育师资培训

为了在短时间内培养出大量的适应岗位需要的师资，建设一支质量过硬的师资队伍，有必要创新师资培养的方式。一方面，把相关教师选送出去，对他们集中采取在岗进修、培训的方式，并把这种培训作为现行教师专业发展中的一部分；另一方面，对他们每年都进行一次集中培训，纳入相关的考核标准中，并促使这种做法朝常态化、制度化方向发展，以便不断地更新教师的教学理念。同时，要采取系列的措施，充分调动他们的积极性，激励他们的探索精神，通过摸索，不断地积累经验，从而提高整体高校师资的媒介素养水平。

（二）要有针对性地构建高校教师媒介素养教育的内容体系

高校教师的媒介素养教育要针对教师的群体和职业特征展开。一方面，高校教师，尤其是中青年教师，由于接受过长期、系统的学校教育，学历层次高，对现代信息技术的接触程度、关注程度和认可程度都较高，具有一定的媒介素养。另一方面，高校教师在与学生的教学互动关系中，实际上处于一个“意见领袖”的地位，教师本身对媒介本质及其特点的认识、批判及其使用程度，即媒介素养程度的高低，对受其直接影响的大学生有极强的示范作用。因此，高校大学教师的媒介素养教育具有极强的针对性。

第一，提高大学教师的媒介意识和认知能力。前者指的是提高对媒介的性质特点及其作用的关注程度和敏感程度。后者指的是培养大学教师对于媒介“环境监视、社会协调、社会遗产传承”等正面功能，以及媒介创造拟态现实等功能的认识。同时，意识到媒介素养教育对于教师专业发展的不可替代性。

第二，培养大学教师多层次的媒介素养能力。这包括三个层次：先是认识并掌握媒介的概念、种属、功能、使用规律等基础知识，尤其要掌握教师教学活动中经常使用的基础媒介工具，如 PPT 多媒体制作等；然后是在使用媒介从事教学活动的过程中，在掌握媒介特点和规律的基础上，批判性认识媒介的作用；最后是强化媒介为我所用的意识，即强调人在与媒介关系中的主动性和主导地位。

第三，正确辨析媒介素养教育的内容与教育技术教育的内容之间的关系。在教育中，需要强调的是要避免将高校教师媒介素养教育简单化理解为教育技术教育，应在教育技术教育的基础上，实现更高层次提升。

（三）确立思想政治教育工作者媒介素养的培养途径

新媒体时代，高校思想政治工作者工作性质与培养定位的特殊性决定了对其进行媒介素养教育的关键是，探索出一套能促进理论应用与实践经验提升相转化的有效教育路径。

第一，着力提升思想政治教育工作者自身的媒介素养意识，打造现代化、专业化的精英队伍。思想政治工作者只有从观念上认识到媒介素养教育对自身发展和工作实效的重要性，才能营造良好的学习和实践氛围，获得自我提升的动力，成为主动成熟、理性的媒介使用者。因此，高校思想政治教育工作者应将自身武装成为具有深厚的理论水平、熟练掌握先进技能的现代队伍。

第二，充分挖掘教育资源、打造实践平台，实现理论指导和实践锻炼的双效辅导。专业化的媒介素养教育应以理论教育为基础，实践训练为保障：一是开设有针对性、规范性的媒介素养教育课程进行系统授课；二是打造实践平台进行技能锻炼。在实际训练中，应指导思想政治工作者学会通过网络平台抢占思想政治教育的新阵地。

第三，成立由思想政治教育工作者组成的差异化“互学共习”研究小组，共同提升媒介素养。根据受教育者的不同特点，成立不同类别的研究小组，并灵活选择与之相适的教育模式，从而有效保证媒介素养教育工作全面、系统、高效地开展。研究小组成员自发组织专题研讨、技能比实践经验分享等活动，在交流过程中共享教育资源，共同提高媒介素养。

四、优化新媒体时代高校思想政治教育的内容

面对着新媒体时代高校思想政治教育内容结构所出现的新情况和新问题，需要在理论、原则和要求的指导下，对其进行主动调整，实现最大程度的优化

（一）政治层面：以政治教育为核心，突出高校思想政治教育的主导性内容

高校思想政治教育的内容丰富，在内容体系中，如前所论述，政治教育居于主导地位，起着决定和支配的作用。政治教育，主要是进行政治理想、信念、方向、立场、观点、情感方法等方面的教育。以政治教育为主导，就必须始终以理想信念教育为思想政治教育的核心内容。面对复杂的国际国内形势，我国高校思想政治教育工作面临的主要任务是，加强爱国主义、集体主义和社会主义教育，帮助学生树立正确的政治观，增强国家归属感和社会责任感。在对待走什么道路、依靠谁来领导、坚持什么样的指导思想等诸多政治问题上，真正“讲政治”，真正坚持党的基本理论、路线、纲领和原则。道路标定方向，道路决定前途。在党的十八大报告从夺取中国特色社会主义新胜利的战略高度，提出了坚定“道路自信”的问题。我国高校思想政治教育应引导学生以厚重的理论底气、高远的政治视野和豪壮的实践基础坚定道路自信；自觉认识中国特色社会主义道路，是实现社会主义现代化的必然选择，是创造人民美好生活的必由之路。要通过开展扎实有效的政治教育，使大学生正确认识社会发展规律，认识国家的前途命运，认识自己的社会责任，确立在中国共产党领导下走中国特色社会主义道路、实现中华民族伟大复兴的共同理想和坚定信念。同时，要积极引导大学生不断追求更高的目标，使他们中的先进分子树立共产主义的远大理想，确立马克思主义的坚定信念。

（二）思想道德层面：自觉树立社会主义核心价值观，优化高校思想政治教育的基础性内容

思想教育，主要是进行世界观和方法论教育，着重解决主观与客观相符合的问题。道德教育，主要是进行行为规范的教育，内化道德规范，提高道德判断能力，培养道德情感，养成道德行为，提高道德品质。改革开放至今，在经济全球化局势之下，社会经济成分、组织形式、就业方式、利益关系和分配方式日益多样化的同时，人们思想活动的独立性、自主性、选择性、多变性和差异性也日益增强，社会思想空前活跃，各种思想观念相互交织，各种思潮不断涌现，对大学生的思想产生很大的影响。新媒体时代高校思想政治教育，必须从大学生思想实际状况出发，以社会主义核心价值观为引领，树立科学的世界观、人生观、价值观和道德观，以指导和推动生活、学习和工作。

核心价值观是一个民族、国家、社会及其人民普遍信奉、追求、恪守的基本价值理念和规范，是核心价值体系的精髓。我国封建社会的核心价值观可以说是“仁、义、礼、智、信”，西方资本主义社会的核心价值观可以说是“自由、平等、博爱”。具体到一些国家，则又各具特色。如美国的“多元、创新、乐观”精神、日本的“国民精神”、韩国的“爱国精神”、新加坡的“共同价值观念”等。我们党建立、建设和发展社会主义的历程，同时也是提出和丰富、推广和实践社会主义核心价值观的过程。党的十七大提出的“将中国建设成为一个独立、自由、民主、统一和富强的新国家”发展目标，就包含着新国家的核心价值观。改革开放以来，我们党在推进中国特色社会主义事业过程中，一直在努力提炼、概括全民族全社会统一的社会主义核心价值观。党的十六届六中全会明确提出：“马克思主义指导思想，中国特色社会主义共同理想，以爱国主义为核心的民族精神和以改革创新为核心的时代精神，社会主义荣辱观，构成社会主义核心价值体系的基本内容。”党的十七大报告也重点强调：社会主义核心价值体系是社会主义意识形态的本质体现。要巩固马克思主义指导地位，坚持不懈地用马克思主义中国化最新成果武装全党、教育人民，用中国特色社会主义共同理想凝聚力量，用以爱国主义为核心的民族精神和以改革创新为核心的时代精神鼓舞斗志，用社会主义荣辱观引领风尚，巩固全党全国各族人民团结奋斗的共同思想基础。”

党的十八大在已有的核心价值体系的基础上，对于“社会主义核心价值观”进行了凝练，将过去较长的表述精简为24个字。党的十八大报告明确指出：“倡导富强、民主、文明、和谐，倡导自由、平等、公正、法治，倡导爱国、

敬业、诚信、友善，积极培育和践行社会主义核心价值观。”这三个倡导是从国家制度层面、社会集体层面、公民个人层面为社会主义核心价值体系建设指明了方向。

1.“倡导富强、民主、文明、和谐”，是立足于社会主义核心价值观的国家制度层面

中国特色社会主义现代化建设的总体布局就是经济建设、政治建设、文化建设、社会建设和生态文明建设，五位一体的中心或者凝聚力是一个共同的价值追求目标。我们党在过去曾经把这个共同价值追求表述为“民族独立，人民解放”、“国家繁荣，人民幸福”。当前，众所周知的全面建成小康社会的宏伟目标或共同愿景，其价值追求就是要达到“富强、民主、文明、和谐”，也就是说经济上要越来越富强，政治上要越来越民主，文化上要越来越文明，社会和生态上要越来越和谐。

2.“倡导自由、平等、公正、法治”，是立足于社会主义核心价值观的社会集体层面

这八个字体现了中国特色社会主义的基本社会属性，是马克思主义的基本要求，也是中国共产党人的一贯价值追求。马克思主义追求的终极目标就是人的自由而全面的发展。我们党自成立起，就把带领人民实现自由、民主、平等写到自己的旗帜上，并为之而不懈奋斗。中华人民共和国成立后，我们党又把这些目标写到社会主义旗帜上，使之成为激励人们发愤图强、建设社会主义的强大精神动力。改革开放以来，随着我国社会主义市场经济体制的建立和社会主义民主政治的深入发展，广大人民群众的民主法治意识越来越强，自由平等观念日益深入人心，维护公平正义的要求也越来越高。正是适应广大人民群众这种新期待、新要求，我们党更加自觉地把自由、平等、公平、法治等理念深入扎实地体现到党的各项理论和实践之中。党的十七大报告强调要“树立社会主义民主法治、自由平等、公平正义理念”，十八大报告则把“倡导自由、平等、公平、法治”作为“积极培育和践行社会主义核心价值观”、推进社会主义核心价值体系建设的一项重要内容。由此可以看出，“自由、平等、公平、法治”是当代中国共产党人坚持科学发展、坚持以人为本、坚持执政为民、坚持依法治国伟大实践的集中价值体现，也是我们坚持和发展中国特色社会主义的核心价值追求。

3.“倡导爱国、敬业、诚信、友善”，是立足于社会主义核心价值观的公民个人层面

这八个字集中体现了社会主义国家公民的基本价值追求和道德准则要求。加强对全体公民的价值观、道德观教育是一项长期而紧迫的任务，成为摆在全党和全国人民面前的一个重要课题。2001 年，中共中央印发的《公民道德建设实施纲要》提出，要坚持以为人民服务为核心，以集体主义为原则，以爱祖国、爱人民、爱劳动爱科学、爱社会主义为基本要求，在全社会倡导“爱国守法、明礼诚信、团结友善、勤俭自强、敬业奉献”的基本道德规范。2006 年 3 月，胡锦涛同志在参加全国政协讨论会时提出了以“八荣八耻”为主要内容的社会主义荣辱观，要求提倡热爱祖国、服务人民、崇尚科学、辛勤劳动、团结互助、诚实守信、遵纪守法、艰苦奋斗。2006 年 10 月，党的十六届六中全会审议通过《中共中央关于构建社会主义和谐社会若干重大问题的决定》明确提出了建设社会主义核心价值体系的战略任务，并把社会主义核心价值体系的基本内容做了规范性阐述。所有这些都为我们党从社会公民层面概括社会主义核心价值观奠定了坚实的理论基础。党的十八大正是在继承和发展我们党关于社会主义核心价值体系思想的基础上，紧密结合全面建成小康社会和发展中国特色社会主义的新需要，从公民层面提出了“爱国、敬业、诚信、友善”的社会主义核心价值观。这集中体现了中华民族传统美德、中国共产党人革命道德和社会主义道德的精华，是中国共产党人对马克思主义公民道德和价值理念的新发展。

社会主义核心价值观的三个基本层次是有机联系、内在统一的。“富强、民主、文明、和谐”是中国特色社会主义的基本价值追求，它体现的是我国经济建设、政治建设、文化建设、社会建设和生态文明建设的内在发展要求；“自由、平等、公平、法治”是中国特色社会主义的基本社会属性，它体现的是我国作为中国特色社会主义社会的总体价值趋向和整体目标要求；“爱国、敬业、诚信、友善”体现的是社会主义国家全体公民的基本价值追求和道德准则要求。上述三个层次的核心价值观相互联系、相互贯通，集中体现了国家、集体和个人在价值目标上的统一，体现了国家目标、社会导向和个人行为准则的统一，是马克思主义价值理论中国化的最新成果。

优化新媒体时代高校思想政治教育的内容结构，应体现社会主义核心价值观的具体内容，坚持以社会主义核心价值观为引领，引导大学生转变思想观念，践行道德规范，养成良好而稳定的道德品行。

（三）文化层面：弘扬中国传统文化，融入世界文化，奠定思想政治教育的人文精神根基

新媒体时代，是一个信息膨胀的时代。新媒体的迅猛发展及快餐时代的到来使传统的人伦关系和人际道德面临着非常严峻的挑战。就文化层面来看，在文化多样化的发展大趋势下，包括中国在内的各国传统文化的生存和发展在不同程度上受到了挑战，从而对思想政治工作的文化根基带来冲击。马克思指出："人们自己创造自己的历史，但是他们并不是随心所欲地创造，并不是在他们自己选定的条件下创造，而是在直接碰到的、既定的、从过去继承下来的条件下创造。"因此，优化新媒体时代高校思想政治教育内容结构，必须大力继承和弘扬中国思想道德教育的优良传统，正确借鉴和吸收世界思想道德教育的优秀成果，赋予所继承内容以时代内涵，使之具有时代价值；赋予借鉴国外思想道德教育内容以中华民族底蕴，使之具有中华民族文化特色，使大学生树立起人文精神，特别是民族精神。

（1）生态道德教育

所谓生态道德教育，是在横向比较、纵向扬弃的基础上提出的一种新德育观和新的德育范型，它教导人们，不仅人对人的社会行为，而且人对环境的自然行为均要受到伦理评价；不仅要正确处理个人与他人、个人与集体、个人与社会的利益关系，还要恰当地对待人与自然的交往行为、利益关系、短期与长期关系，摆正人在自然中的位置。因此生态道德教育将以一种更为宽阔的道德视野，教育和引导人们学会热爱自然、热爱生活、享用自然、享用生活。同时生态道德教育还是社会公德的重要内容，是否具有良好的生态道德意识，是现代社会衡量一个人全面素质的重要尺度，也是衡量一个国家和民族文明程度的重要标志。

在新媒体时代，生态道德教育是一种新型的道德教育活动，是指教育者从人与人、人与社会、人与自然的道德观出发，引导受教育者树立一种崭新的人生观、自然观和生存发展观，在社会领域要不断调节人与人、人与集体、人与社会的关系，使人的行为符合集体和社会的需要，营造一种人与人相互尊重、相互依存的人文生态环境，促进社会的和谐发展；在自然领域要扩展社会领域长期所形成的道德原则、道德规范，有意识地控制人对自然的盲目行为，营造一种人与自然和睦相处、互惠互利的自然生态环境，促进人与自然的和谐共生，从而使受教育者在双生态环境（人文生态、自然生态）中自觉养成文明和谐、珍惜资源、保护环境的道德素质和文明习惯，成为既能协调处理人与人、人与社会的关系，又能协调处理人与自然关系的理性生态人。

（2）人伦自觉意识的培养

人伦自觉，简要地说，是个体对人伦关系的认识和自觉。只不过这种认识和自觉，不能简单地归结于个体的认识和自觉水平，而是要求个体通过把这种认识和自觉落实于法律、道德规范影响下的身体自觉以及身体间性的互动。也就是说，“人伦自觉”是一个体现对他人的承认、回应、责任和义务，同时又面向他人、尊重他人、理解他人、关爱他人，不断追求与他人、社群融为一体，从而走向更大社会认同的动态范畴。新媒体时代，是在数字技术和网络技术基础之上延伸出来的社会存在形式，它基于现实社会，但同时又是现实社会的延伸，与现实社会有着完全不同的特点。新媒体时代的到来不仅使个体的世界观、生活理念和方式发生了明显变化，而且也极大地改变了人与人之间的关系。复杂的基于现实与虚拟社会的人际关系，迫切需要引导大学生以人伦自觉来回应这种社会需要。作为调节人与人之间关系的道德伦理教育，不可避免地存在于高校思想政治教育的每一个环节及过程之中，包括处理个人与国家、社会、学校、他人及自己的关系。当前，提升大学生“人伦自觉”意识和能力，主要在于激发和调动大学生和高校思想政治教育工作者两方面的积极性，强化对大学生的人伦教育。思想政治教育内容的建构要吸收中国传统道德的合理内核，活化传统思想道德资源，塑造民族共同价值观，同时又注入时代精神，不断提升当代大学生的规则意识、“道德责任能力”以及与新媒体时代相适应的文明上网、诚信上网的意识和能力等。

（3）和谐心灵教育

心灵和谐，从个体来说，人的心灵和谐就是人的内在思想中，各种价值观念形成了彼此融合而无分裂的有机统一体；从社会系统的整体来说，指在社会制度的框架内，人能找到心灵的栖息之地，兼容他人与社会，在多元的价值取向中，有效地调整自己的价值观，明确正确的选择，并且充满信心，超越世俗羁绊，协调发展，服务社会。人生最美妙的事情莫过于精神中对现实生活美好渴望的追求，即个人意识的升华，内心世界的和谐是唯一可能进行更长久控制的途径。内心和谐是人拥有的一种特殊的能使人静心和自由的品质；内心和谐是人拥有的一种健全的能使人心理品质完善、知荣明辱的智慧，这种智慧品质教会人能自在地生活，实现人与自然、社会的浑然一体，真正实现从必然王国走向自由王国。和谐的人是全面发展的人，是一种灵性的安宁。在多元的人生道路选择面前能够毫不犹豫地走向正确之路，且充满着信心，这是心灵和谐的体现。理念决定人的态度和行为。心灵和谐的人，能以一种乐观、欣赏和创造的人生态度来经营人生，运作事业，服务社会。高校思想政治教育工作者应该有这样一份意识和责任，在构建社会主义和谐社会的进程中，心灵和谐对协调人与自然、人与社会、人与人之间关系的和谐具有重要作用。面对当前价值的多样化与信仰根基的动摇、利益的多重化与崇尚财富的心理、文化的多元化与文化的不自觉等表现，只有通过求真、求善、求美、求实，用以充实现实的人，实现人的意识变革，才是培育心灵和谐的新路径。

（四）技术层面：加强媒体素养教育，发挥高校思想政治教育内容结构的正能量

优化新媒体时代高校思想政治教育的内容结构，需要不断更新思想政治教育内容，实现内容结构的升级。时代的发展，社会的进步，技术水平的提高，意味着反映社会发展和人的发展需要的高校思想政治教育的内容也要不断发展和更新。

作为网民中数量最庞大的群体的大学生，因为其知识结构的不完善、心理发展水平出现偏差以及阅读能力、社会阅历、情感特征的局限等诸多因素，导致他们缺乏辨别网络信息真伪的能力，无法准确地解读网上信息，从而容易受到负面信息的误导。生活在新媒体文化所制造的景观之中，我们必须学会生存，注重在思想政治教育进程中持续不断地倡导新媒体素养教育，使媒体素养观念和意识入脑入心，这是新媒体时代推进高校思想政治教育提质增效的一项重要战略举措。

媒体素养教育，就是指导受教育者正确理解传媒及其信息，建设性地享用媒体传播资源，培养他们具有健康的媒介解读和批判能力，使其能够在多元的媒体环境中，充分合理利用媒体资源完善自我、参与社会发展。因此，媒体素养不仅是一种知识体系，而且是一种技能、一种思维方法，是现代公民必备的基本素质。在内容结构上，积极整合资源，在当代大学生中实施媒体素养教育工程。努力提升当代大学生的媒体素养及面对媒体尤其是新媒体的各种信息时的理解能力、选择能力、评价能力、表达能力、创造能力以及批判和鉴别能力。新媒体时代，网络、手机的互动性、随意性等特点在信息传播十分迅速、方便的同时，对广大网民和手机用户的理性思维能力完善的知识结构提出了更高的要求。在高校思想政治教育内容结构中大力实施媒体素养教育工程，将有助于提升大学生对纷繁复杂的网络信息的准确理解、正确选择、合理评价的能力。通过对大学生进行新媒体道德规范教育，引导他们在遵纪守法、符合道德规范的要求下使用新媒体，增强其法纪观念，提高其道德素质，努力培养他们成为一定范围内有创新性的“舆论领袖”和正面信息的传播者创造条件，从而逐步形成“线上”和“线下”思想道德文明建设的合力和良性循环机制。

参考文献

[1] 丁振国．高校党建与思想政治教育新论 [M]．武汉：中国地质大学出版社，2016．

[2] 彭瑞清，周志峰，向中全．新媒体环境下思想政治教育工作的创新与发展研究 [M]．北京：光明日报出版社，2013．

[3] 万霞，刘树良，梁岚．新时期高校思想政治教育热点问题研究 [M]．北京：九州出版社，2015．

[4] 李红冠，翟尧，孙智宏．高校思想政治教育 [M]．石家庄：河北人民出版社，2015．

[5] 季海菊．新媒体时代高校思想政治教育的解构与重塑 [M]．南京：东南大学出版社，2014．

[6] 刘建军．寻找思想政治教育的独特视角 [M]．北京：中国人民大学出版社，2017．

[7] 何彬生．当代大学生思想政治教育工作读本 [M]．北京：北京大学医学出版社，2005．

[8] 陈赐军．多元文化背景下大学生社会主义意识形态教育探究 [J]．传承，2011（8）：46-48．

[9] 王勤．全球化：高校德育面临的现实背景 [J]．思想教育研究，2001（1）：27-30．

[10] 郑元景．新媒体环境下高校思想政治教育实效性探析 [J]．思想理论教育导刊，2011（11）：107-109．

[11] 李乐强．探索大学生思想政治教育的有效途径 [J]．科技信息，2011（17）：186．

[12] 龚涛，徐建军．新媒体与主体间性大学生思想政治教育 [J]．社会科学家，2010（11）：126-129．

[13] 张耀灿，徐志远．关于思想政治教育过程中的主客体关系问题 [J]．学校党建与思想教育，2003（4）：15-17．

[14] 姜浩，张玉杰. 论新媒体时代大学生思想政治教育的使命与创新路径 [J]. 学校党建与思想教育，2016（16）：56-57.

[15] 姜恩来. 新媒体环境下的大学生思想政治教育 [J]. 高校理论战线，2009（6）：54-56.

[16] 修耀华. 新时期高校党建创新工作的基本思路 [J]. 思想理论教育导刊，2011（1）：116-119.

[17] 唐朝继. 高校党建工作基本规律探析 [J]. 思想理论教育导刊，2009（6）：100-103.

[18] 孙云龙，鲁焱. 新媒体在高校学生党建工作中的应用探究 [J]. 学校党建与思想教育，2014（18）：19-20.

[19] 丁卫华. 新媒体时代大学生思想政治教育实效性探析 [J]. 广西社会科学，2011（7）：158-160.

[20] 廖晓衡，付小容. 论高校思想政治教育环境的优化与创新 [J]. 重庆工学院学报，2005（4）：138-141.